續神器譜

自敘

兵陰道也。我能往。寇亦能往。斯語亦前聞
之矣。乃神器陽言無隱者何。蓋緣蠢尒島
夷。敢於仰抗
王師。蹂躪屬藩者。以此。六年之間。大兵再舉。
經費千萬。竟未能席卷無餘。殫丸黑子之
地。必待
天威震怒。氛祲潛消。然後挈而還之李氏者。亦

以此。陽言無隱。不過望師貞丈人。加其倍
數。以備緩急之時。反以制之。勝之。非昧於
彼我兩能之說也。
中國水陸神器。有戰具。攻具。守具。伏具。倭奴
專精鳥銃。二三百步之外。嚕密諸器。足先
制賊。紙甲輭牌。儘可自衛。鳥銃雖精。遼難
迫我。但近聞對馬島大鳥銃。有佛郎機之
烈。更能命中。則又出常技之上。似非牌甲
可禦。不惟後日患之。前時二三驍將。閒為

續神器譜

自敘

兵強道也。然竊往寇市，偷往聽語亦有聞

以其乃神器為信，無偽者何遑議矣不昭

專乘於何故

王師發猶屬播者，以五十年以閒火兵再舉

縱費千萬貲，未倉庫無餘，揮兇黑子以

已。之。并

天威震蕩，餘孽殘黨，請發後舉南還以奪叛者

以其陽言無偽，不適理。師貞丈人吉。其宿

變之征發而以時，又以制以勝之，非明者

敵數而餘以說也。

中國本強，神器有數，其攻其守，其伏其偵或

專精思慮二三百年以外，諸家鑒識以光

制毀級甲數精，盡可自衛，臣傲群議論

道敢但近聞說，異邑大患蝕杜，窮寇黎以

則更命中國，又然常校以十餘，非獨中

可樂不損日惠以前將二三屢平邊患

所因。緣是畢竟。竭愚。用長筒加厚。仍著照
门照星。納子銃於筒後。不令敵口泄氣。有
佛郎機之便。而準則過之。有大鳥銃之準。
而便則過之。對壘之際。敵一舉放。我已三
四發。彈是以便勝之也。若置輕車之上。有
車數兩。陸續衝擊。猛烈之勢。足埒大將軍。
而離合。縱橫進退俯仰。較大將軍殊為輕
便。倭既以鳥名銃。茲器奮擊飛揚。可以制
之。名曰鷹揚。倭見我兵舉銃。輒伏地上。曰

製疊筒。一經機發。火燃下上。彈既並出。難
伏異避。名曰震疊。北方馬上用三眼銃以
禦虜騎。虜頗畏之。然放畢舉以搏擊。頭重
起艱。利害相半。兼之甚難討準。往往虛發。
因變其制。用照星短床。後尾鉤著鞓帶。左
手執銃對敵。右手懸刀燃火。放畢為盾。舉
刀迎敵。馬上可備出奇摧堅。步下極便。伏
路急擊。名曰翼虎。取西洋筒之輕。加之以
狠嚕密機之快。加之以巧。日本床之便。加

[illegible]

之以穩。用備趨利遠道。名曰三長。兵以正合。以奇勝。山林之間。村落之內。勢難用衆陡然遇敵。神氣牽於頤盻。手足拘於忙迫。發銃不中。恐被賊窘。製為雙機。常留其一。使奇正具於一器。可以自相犄角。名曰奇勝。茲譜有五。通前為九。再加一二疇曩大器。付之有能之將。神明變通。製輕車拒馬傘以自衛。儲陰雨可用之器。以濟其短。車後以步卒隨宜結陣。防敵死鬭急擊。騎兵

各帶弓矢。閒攜翼虎。以備逐北出奇。奇正相因。短長相衛。車徒相習。遲速相濟。進則無前。退則難迫。真百戰不殆之術也。爰具圖式。用告同仇。凡裝飽打放架勢并床機。前譜已備者。茲不載列

萬曆戊戌仲秋吉旦東嘉趙士楨題

之以穩用備變利速通於四三長兵以正合以奇勝山林之間村落之巧雜用器便儻遇險神氣寧於猶則手與相向於作迫誰鏡不中於秘職寫爽為便機常留其一使奇正具於一器可以自相犄角於以奇勝器譜有五通前為九再加一二轉纛大器付之有餘之將神明變通聚輕車相為全以自衛儲陰濟可用之器以濟其短車後以步卒隨宜結陣防敵衝突奇擊騎兵

神器譜　三

各帶壽之間携翼虎以備遠近出奇之正相因短長相衛車騎相習遠近相濟通則無前退則難追真有戰不必之術也然且圖式用者詢究其能打放架勢并示機有譜已備者茲不載列

萬曆戊戌仲秋吉旦東嘉趙士楨題

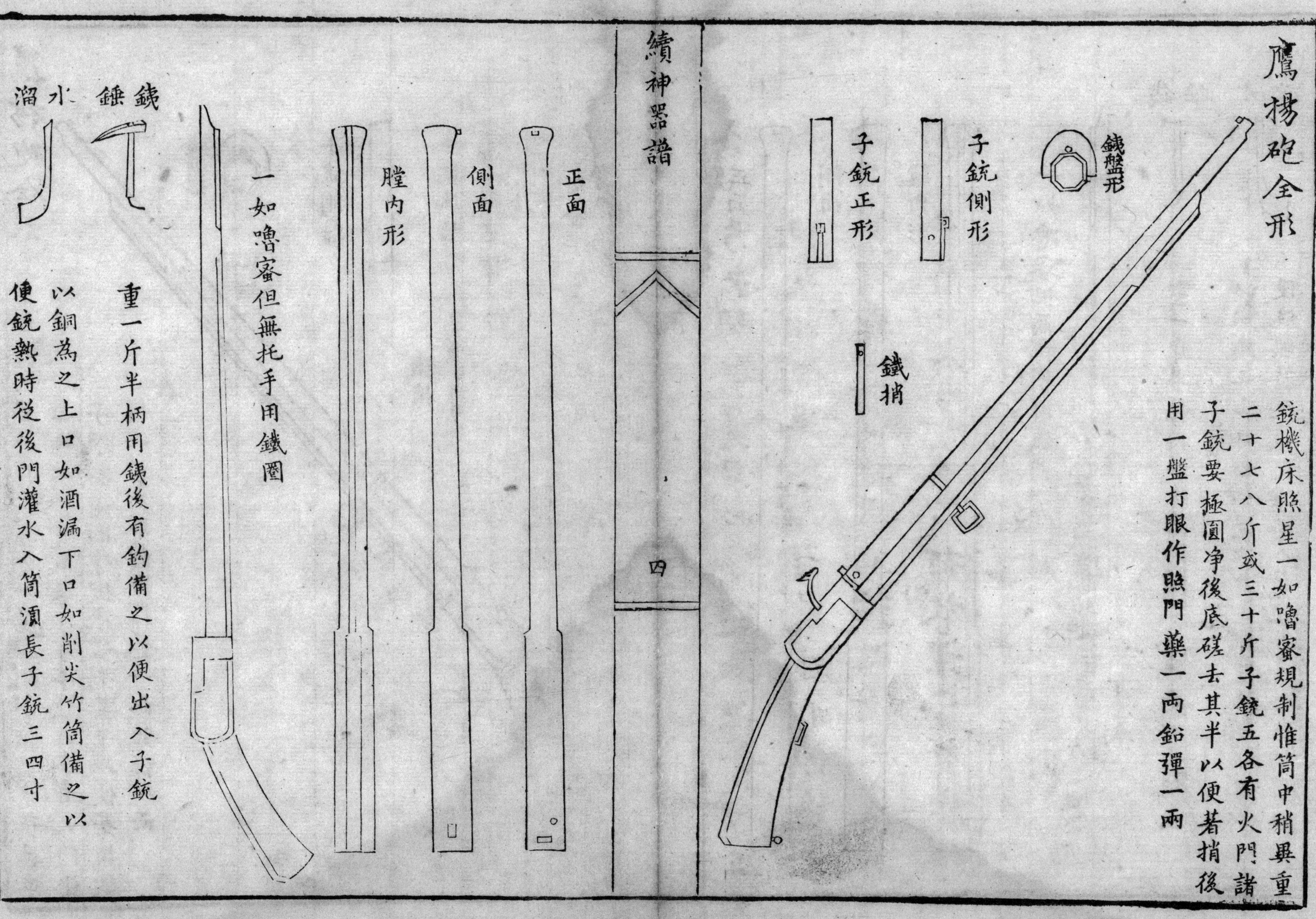

鷹揚砲全形

銃機床照星一如嚕審規制惟筒中稍異重二十七八斤或三十斤子銃五各有火門諸子銃要極圓净後底磋去其半以便著捎後用一盤打眼作照門藥一兩鉛彈一兩

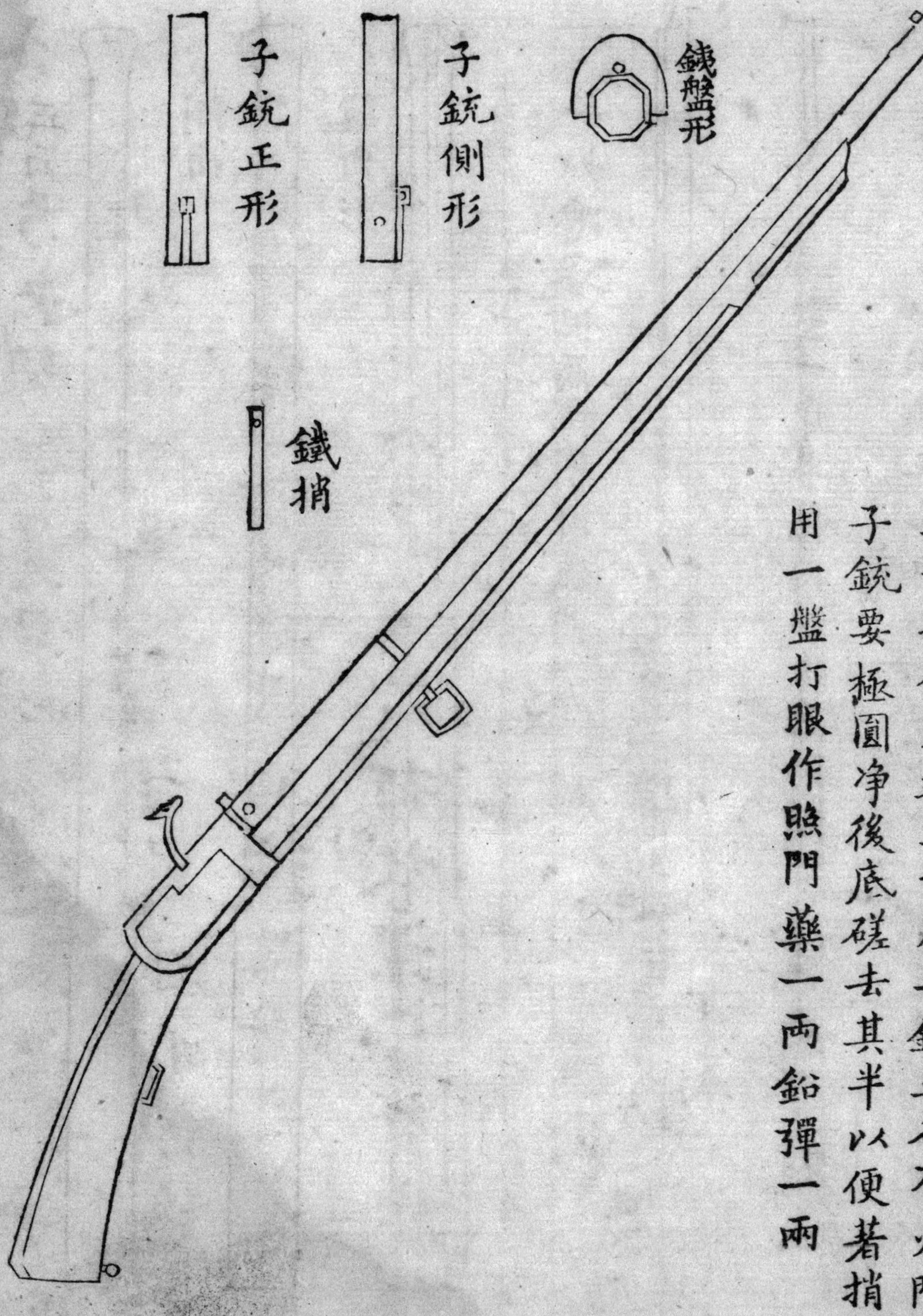

鏇盤形

子銃側形

子銃正形

鐵捎

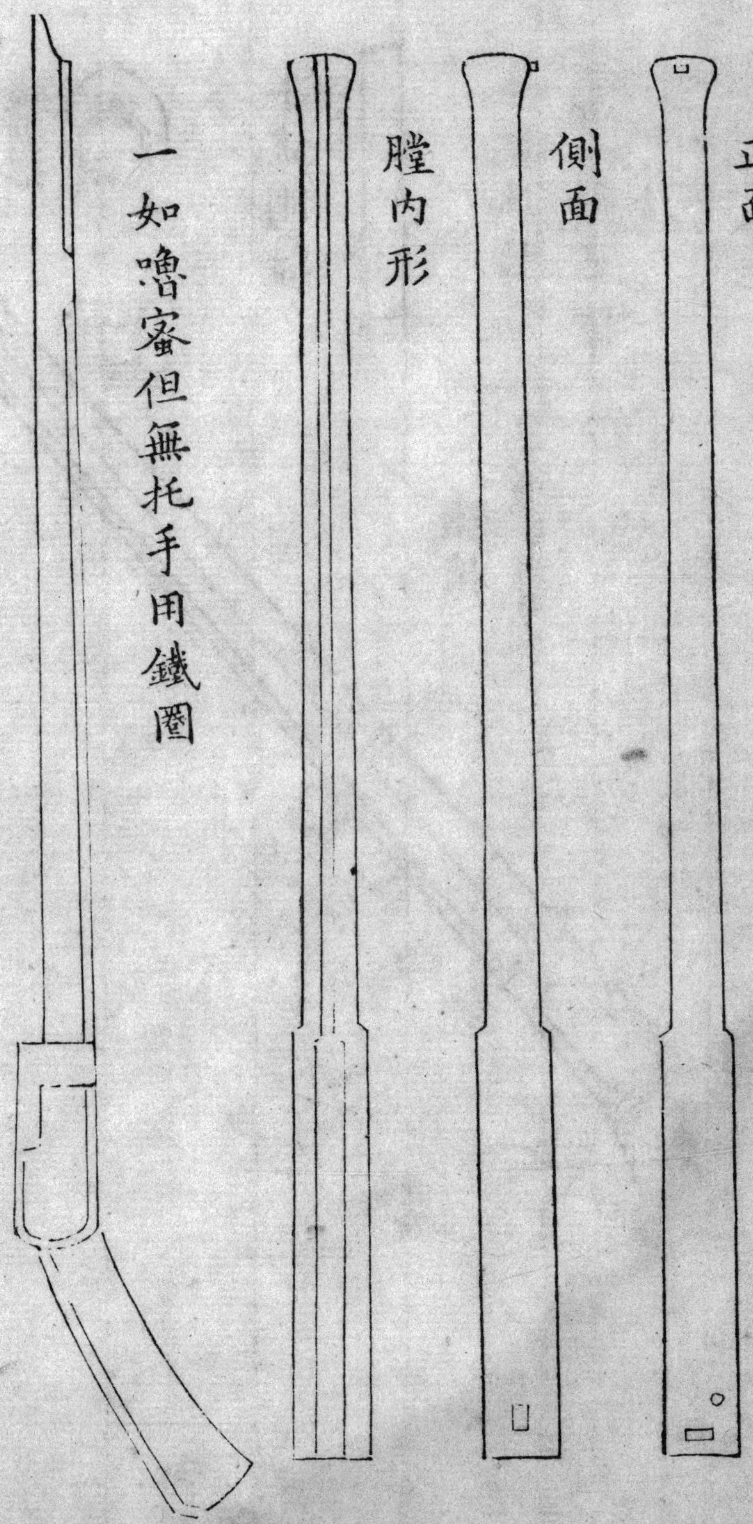

正面

側面

膛内形

一如嚕審但無托手用鐵圈

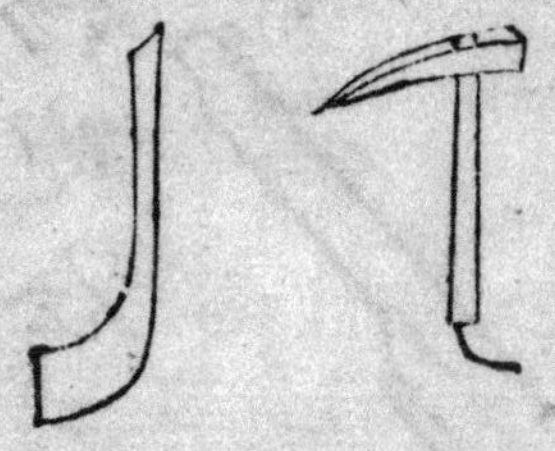

錢錘

溜水

重一斤半柄用鏇後有鈎備之以便出入子銃

以銅為之上口如酒漏下口如削尖竹筒備之以便銃熱時從後門灌水入筒須長子銃三四寸

鳥銃全形

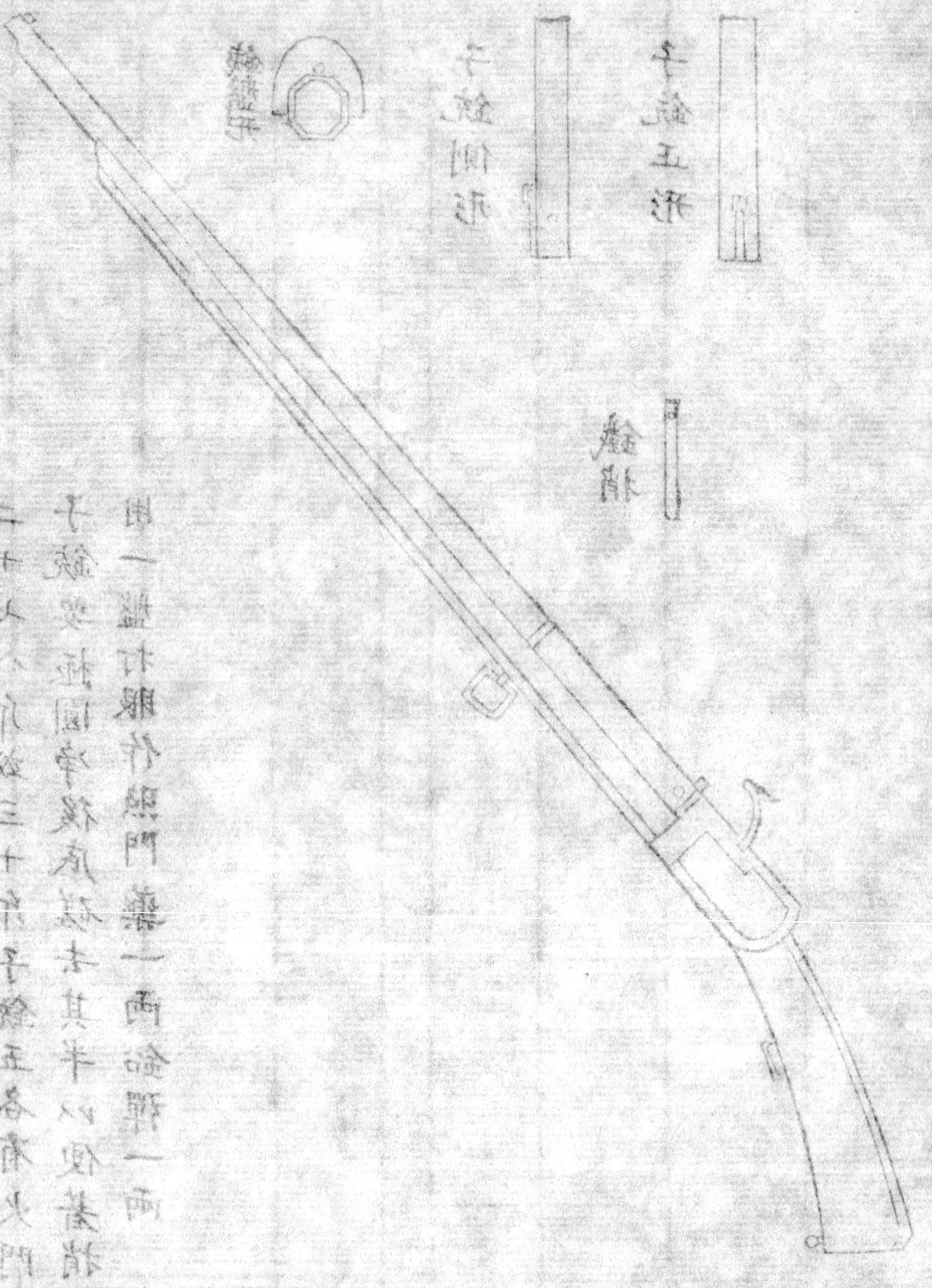

銃機床照星一如嚕密規制惟筒中稍異重
二十八九斤至三十斤子銃五各有火門請
子銃要極圓淨後底旋去其半以便蓋捎發
用一鑿打眼作照門 藥一兩 鉛彈一兩

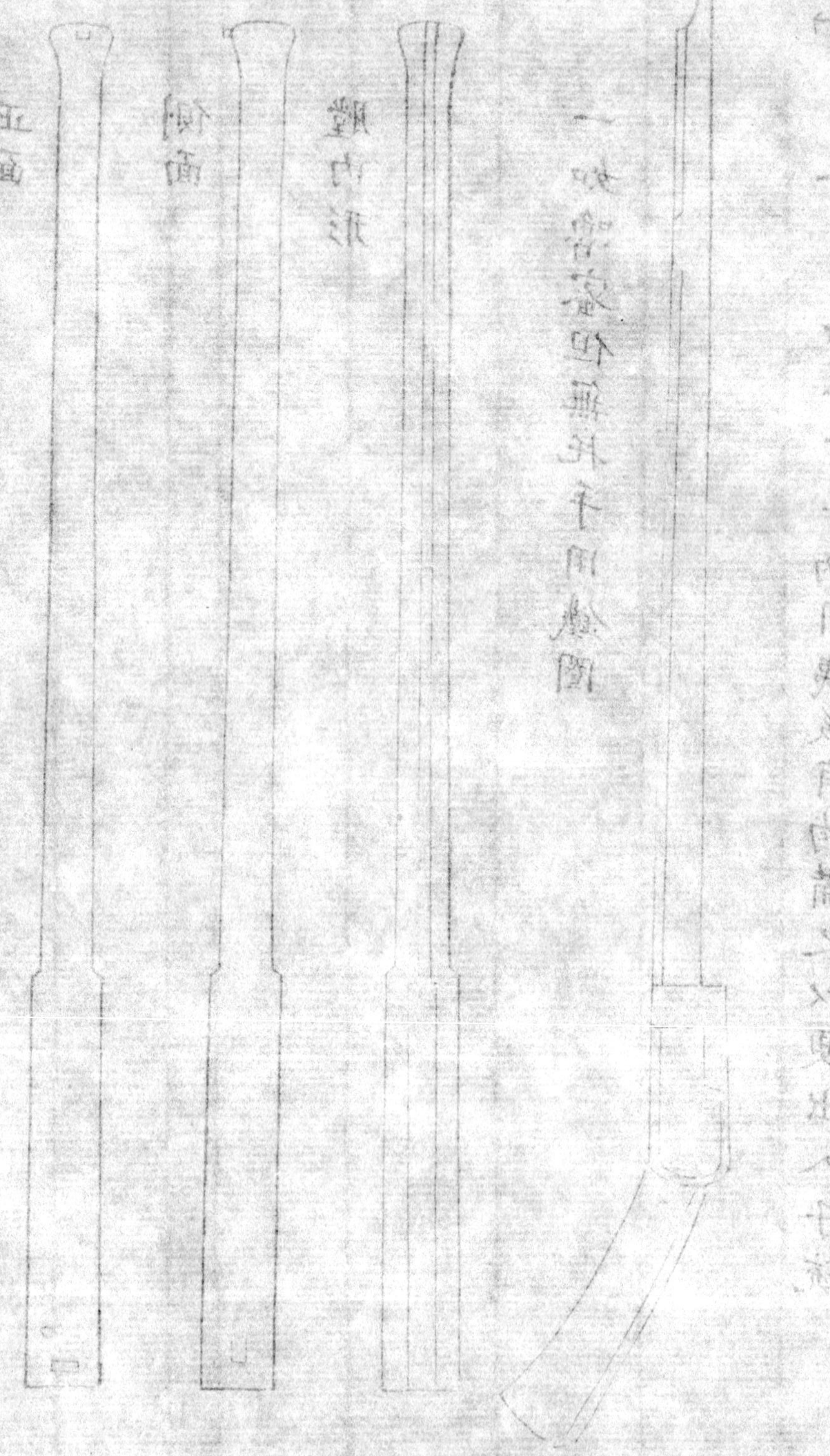

便銃熱時從後門灌水入筒漏其子銃三四十
以銅為之上口如酒漏下口如削尖子筒端以
重一斤半初用鉄後有鉛補之以便出入十餘

震疊銃全形

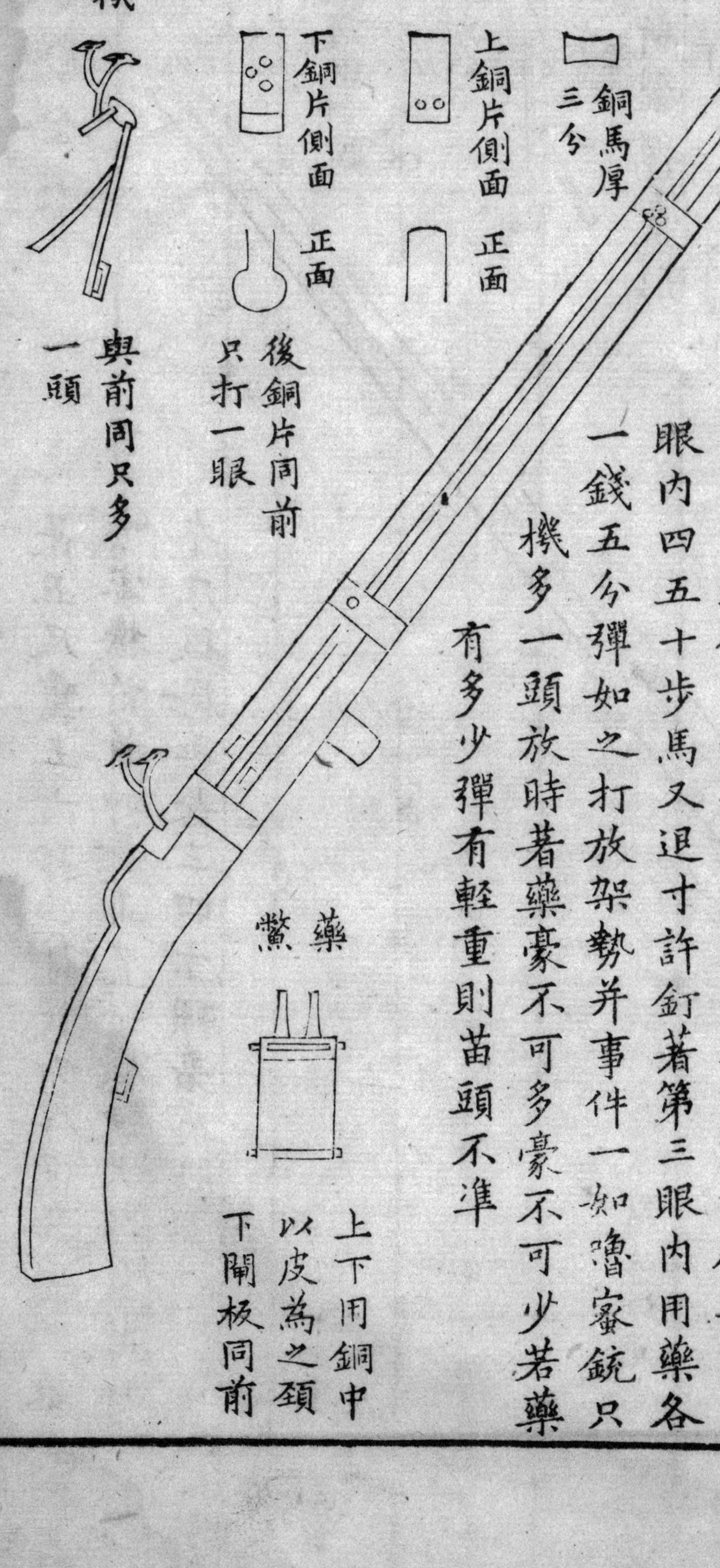

筒二每筒重三斤長二尺五寸上下二筒上有照門照星下筒只有火門從床底用銅二片包過留其餘鉗着上筒上用一稍薄銅片壓著上筒前銅片於二筒相交處棃錯打三眼扣定三分銅片傍著一銅馬百步緊挨銅片七八十步將馬退下寸許釘著第二眼内四五十步馬又退寸許釘著第三眼内用藥各一錢五分彈如之打放架勢并事件一如嚕密銃只機多一頭放時著藥豪不可多豪不可少若藥有多少彈有輕重則苗頭不準

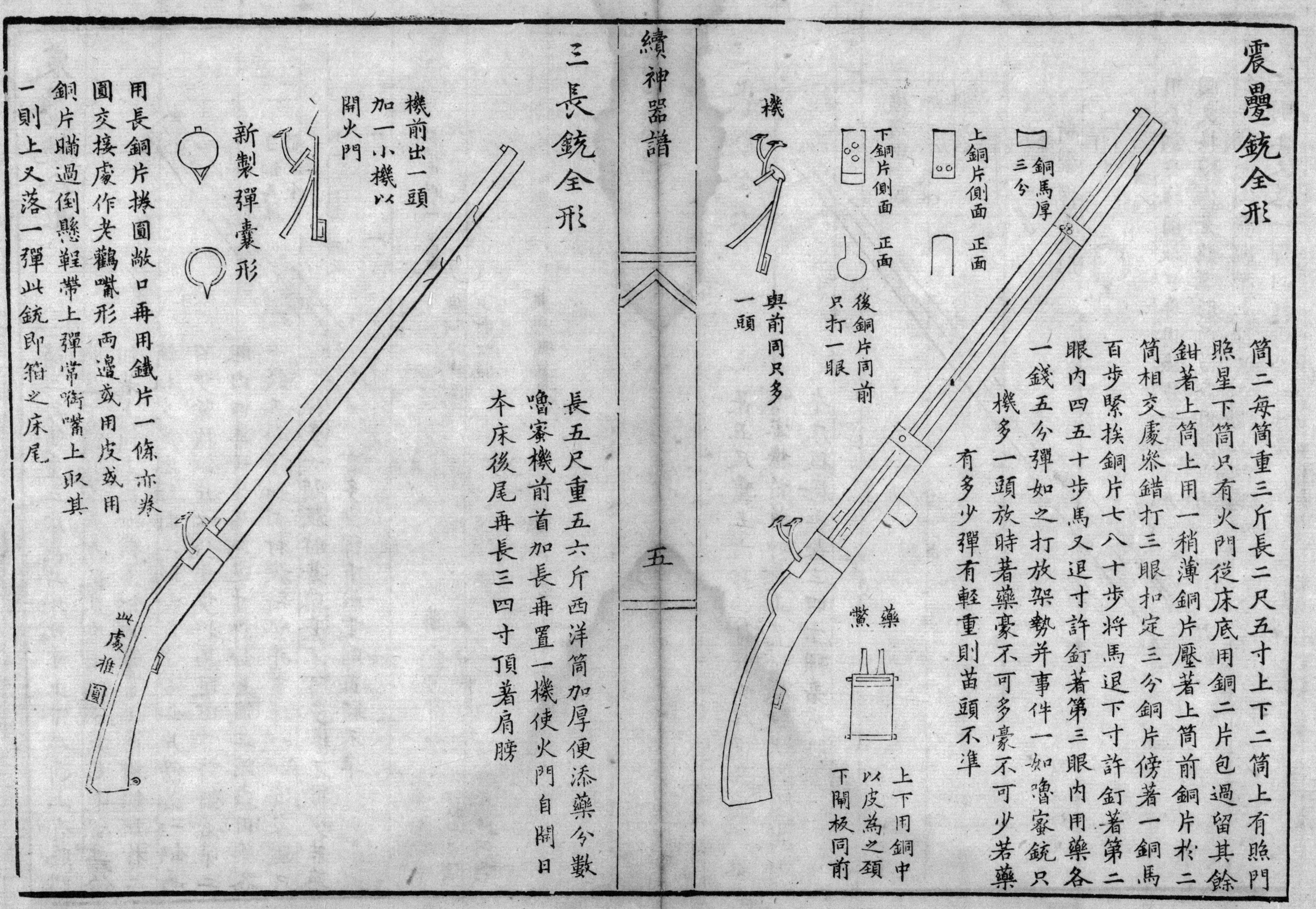

三長銃全形

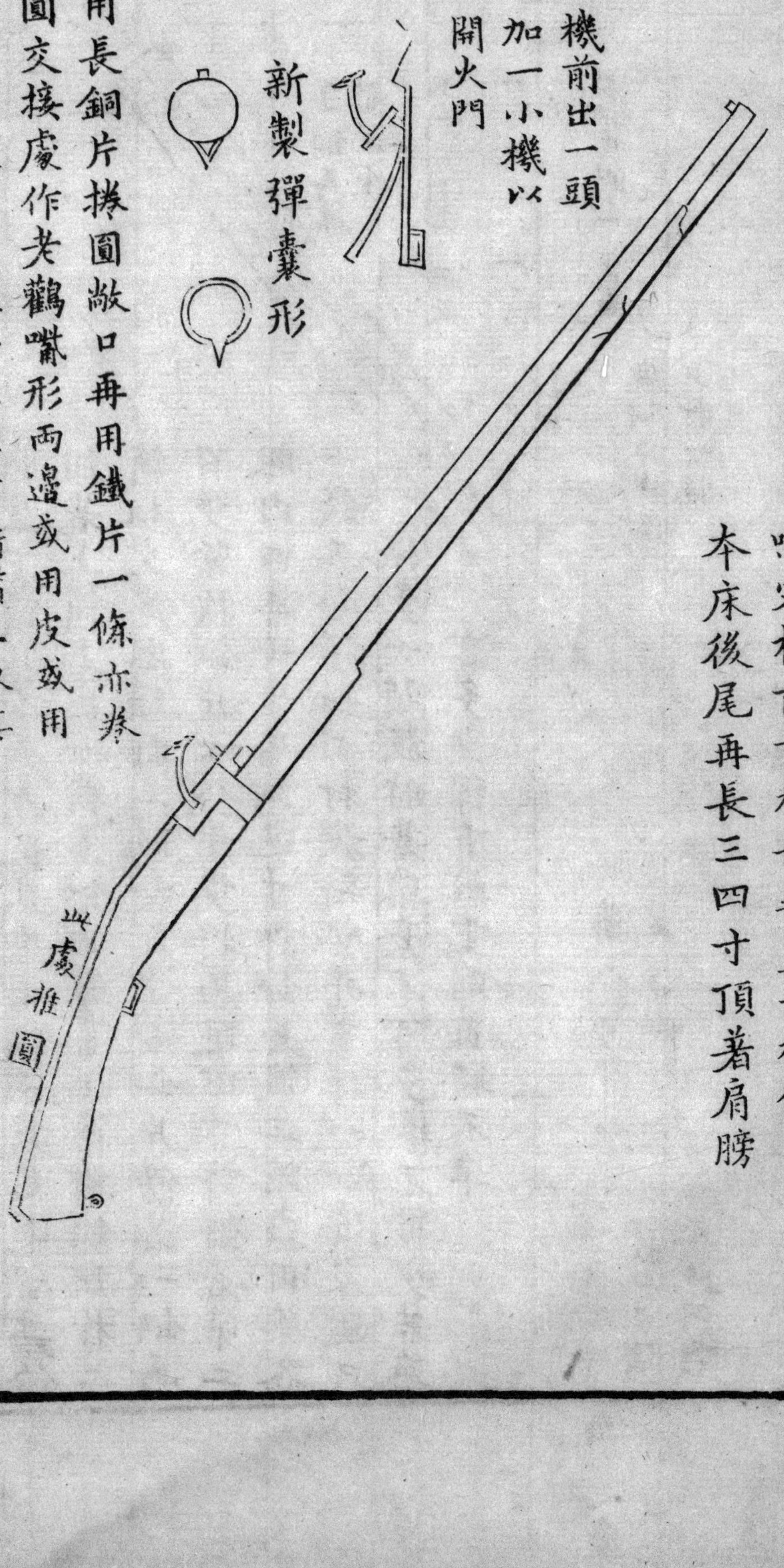

長五尺重五六斤西洋筒加厚便添藥分數嚕密機前首加長再置一機使火門自開日本床後尾再長三四寸頂著肩膀

用長銅片撥圓敞口再用鐵片一條亦將圓交接處作老鸛嘴形兩邊或用皮或用銅片瞞過倒懸鞓帶上彈常銜嘴上取其一則上又落一彈此銃即箱之床尾

翼虎銃側面形

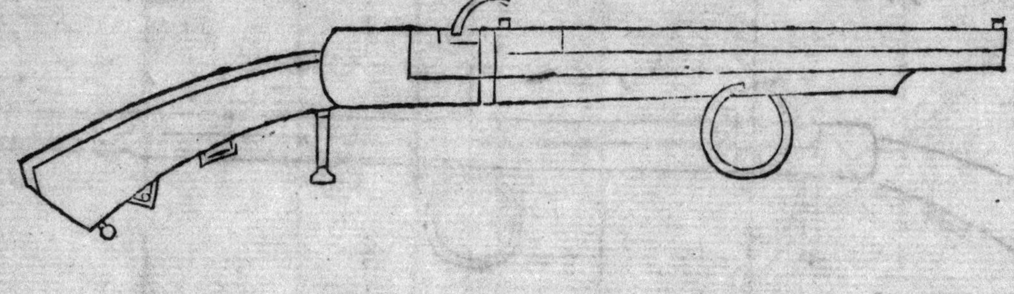

翼虎銃正面形

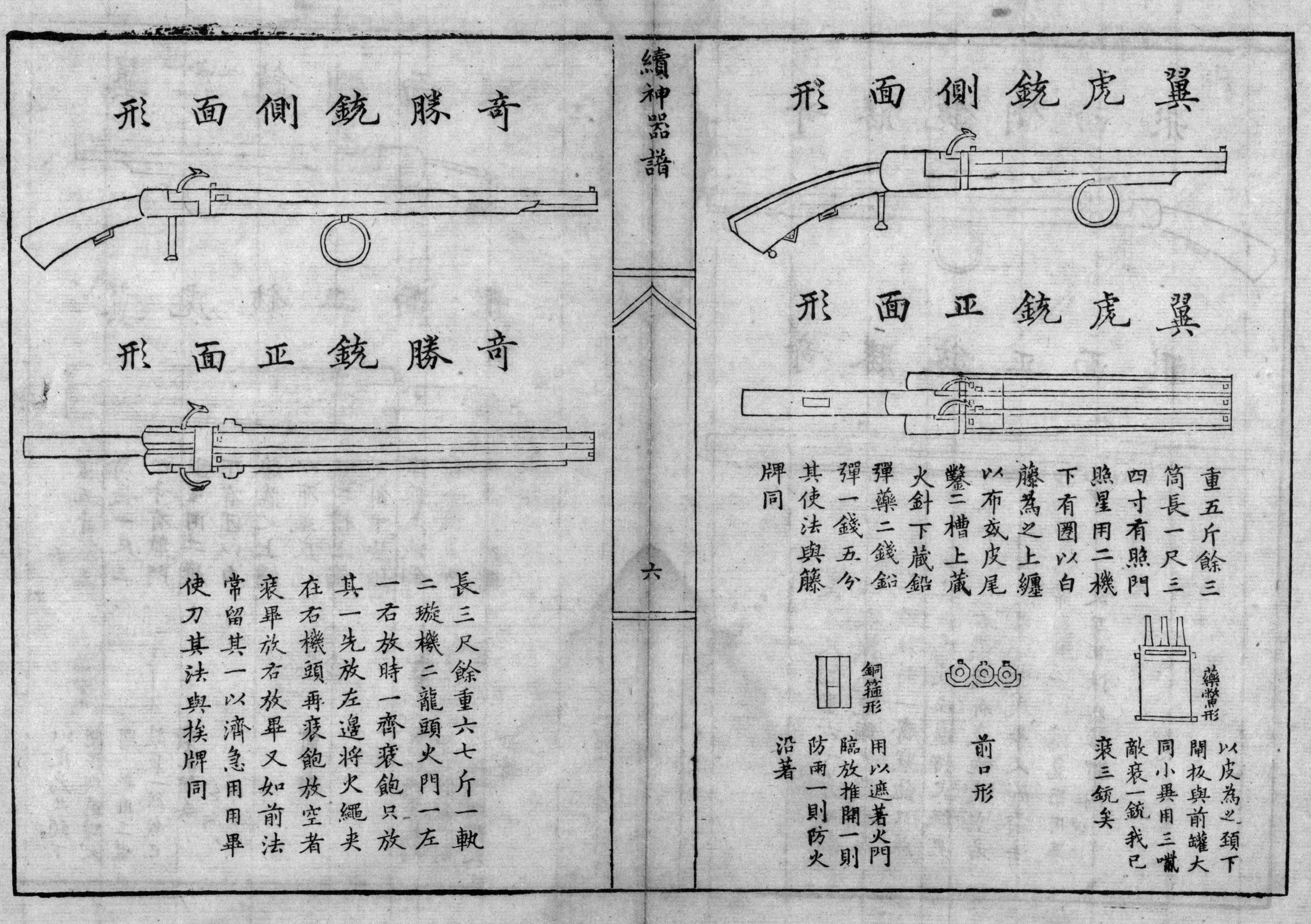

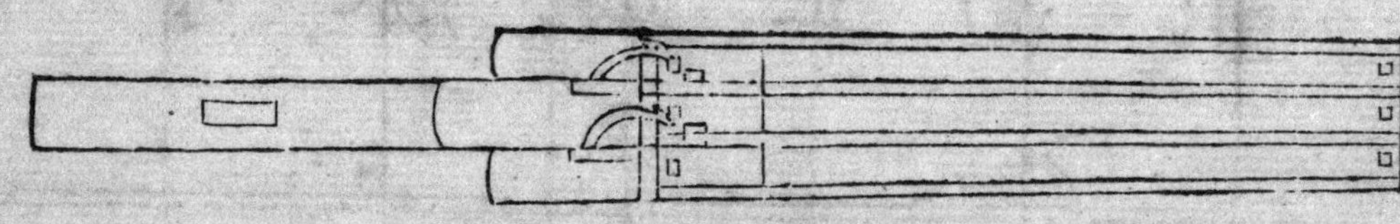

重五斤餘三筒長一尺三四寸有照門照星用二機下有圈以白藤為之上纏以布或皮尾鑿二槽上藏火針下藏鉛彈藥二錢鉛彈一錢五分其使法與藤牌同

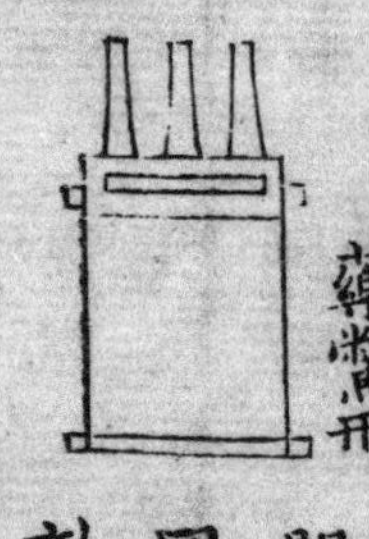

藥筩形

以皮為之頸下開拔與前罐大同小異用三嘴敵裝一銃我已裝三銃矣

前口形

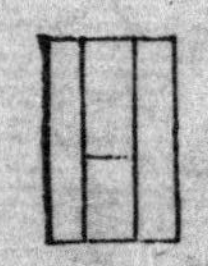

銅箍形

用以遮著火門臨放推開一則防雨一則防火沿著

奇勝銃側面形

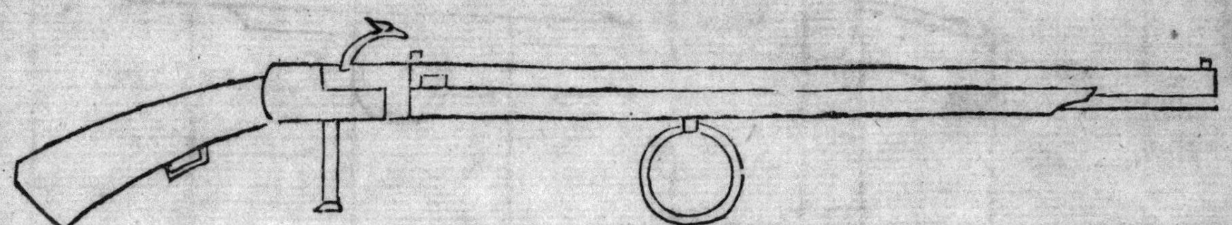

奇勝銃正面形

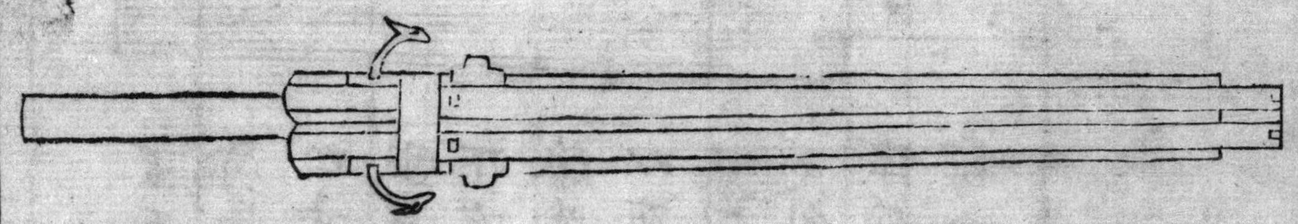

長三尺餘重六七斤一軌二璇機二龍頭火門一左一右放時一齊裝砲只放其一先放左邊將火繩夾在右機頭再裝砲放空者裝畢放右放畢又如前法常留其一以濟急用用畢使刀其法與挨牌同

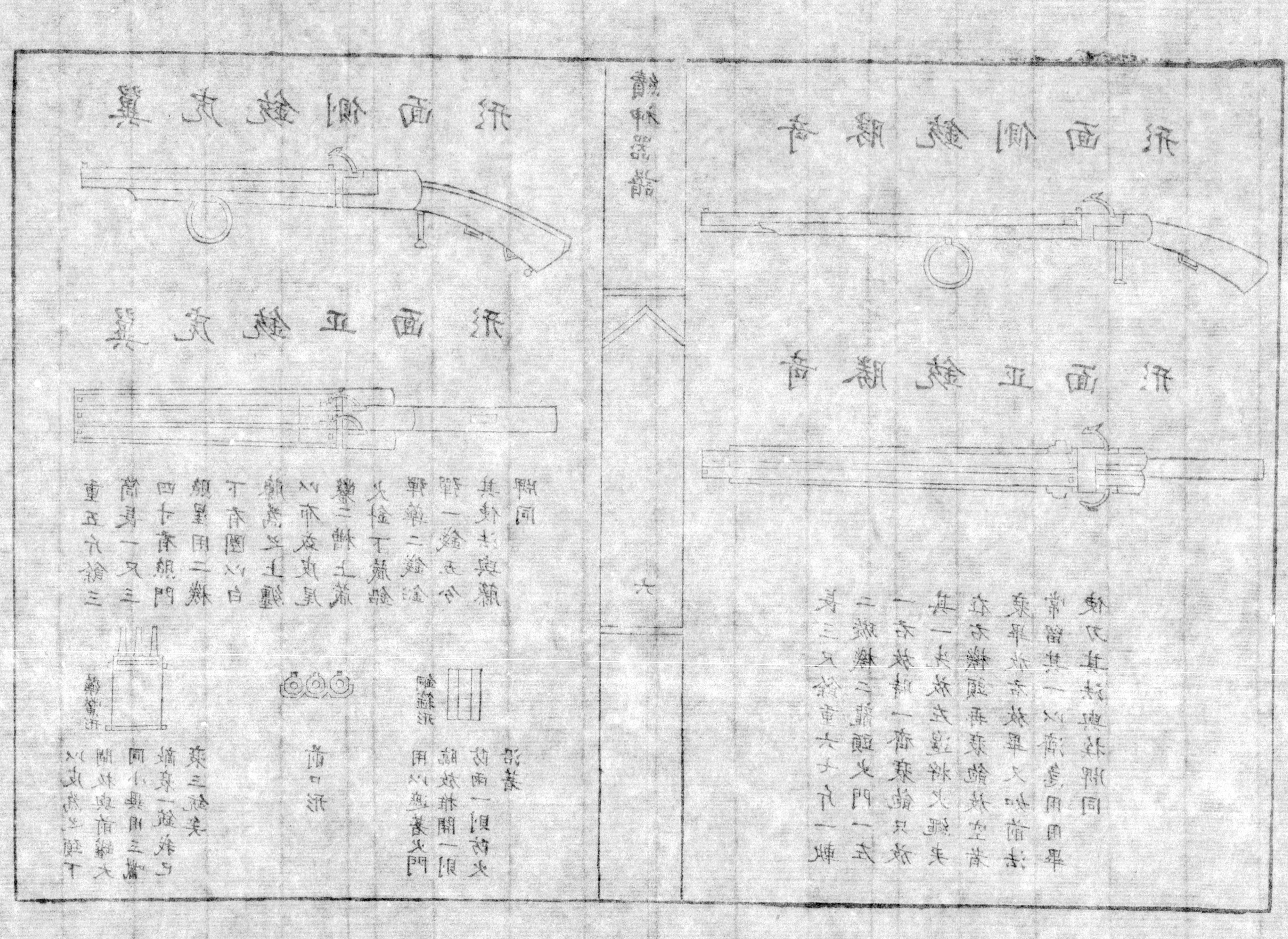

翼虎銃側面形

翼虎銃正面形

重五斤餘三筒長一尺三四寸有照門照星用三機下有圓以白鏇為之上纏以布成皮尾鑿三槽上藏火針下藏鉛彈藥二錢鉛彈一錢五分其使法與藤牌同

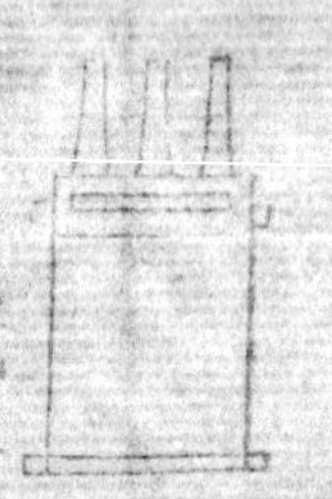

彈藥形

以皮為之頸下開扣與前繩大同小異用三藏敵袁一鎗教已裝三鎗矣

前口形

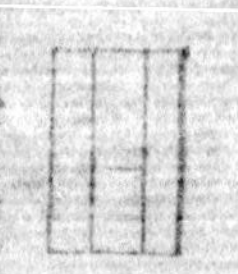

銅蓋形

用以遮蓋火門臨放推開一則防雨一則防火沿着

奇勝銃側面形

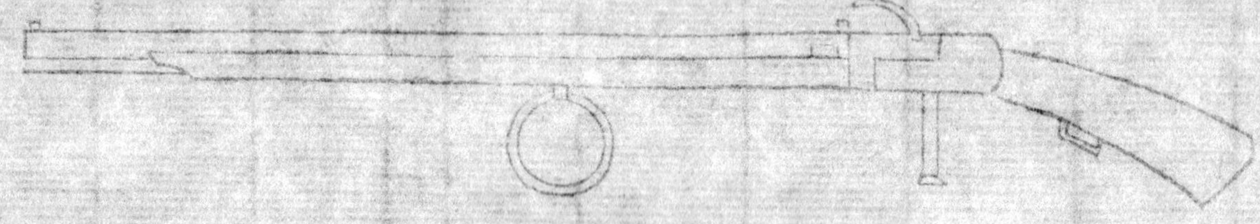

奇勝銃正面形

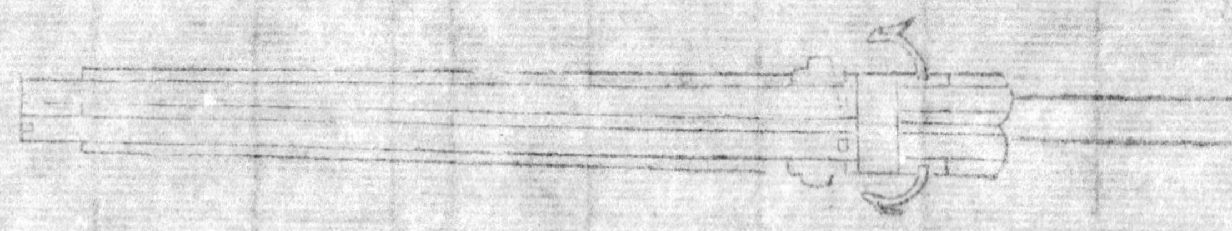

長三尺餘重六七斤一軌二繩機三龍頭火門一左一右放時一齊發能只放其一先放左邊將火繩來在右機頭再裝鉛放空者裝準放右放畢又如前法常留其一以濟急用畢使刀其法與快鎗同

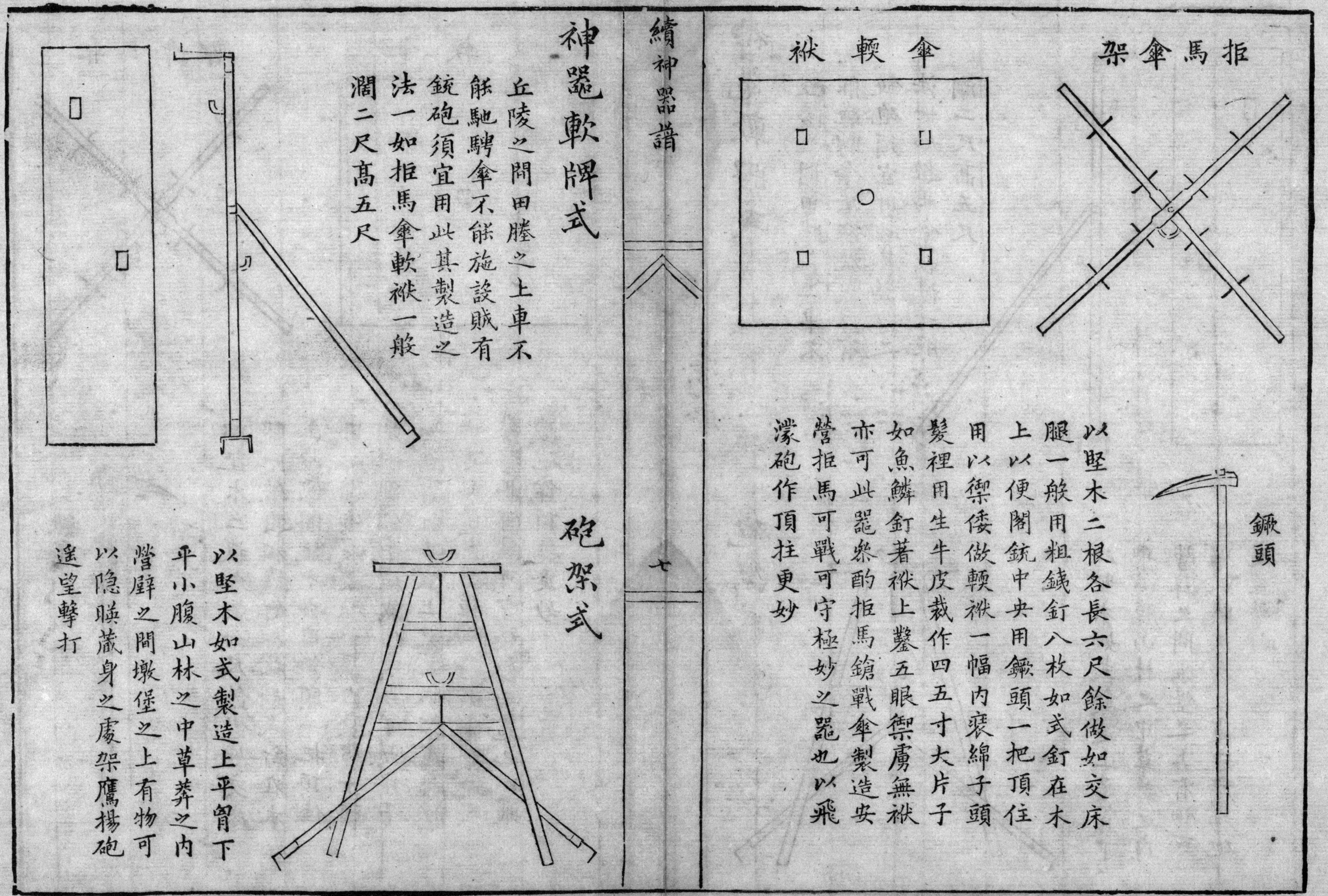

拒馬傘架

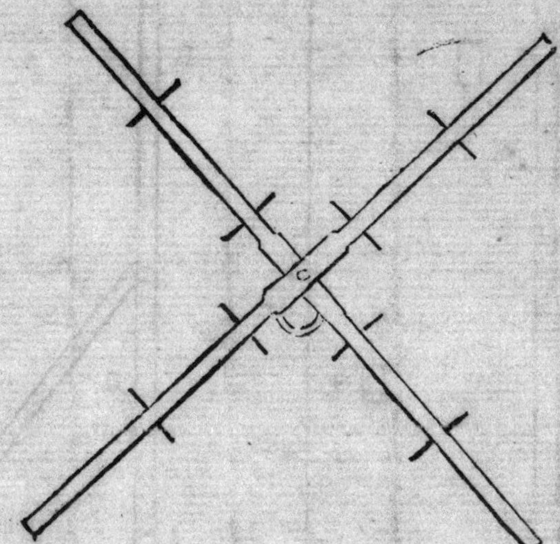

傘輭袱

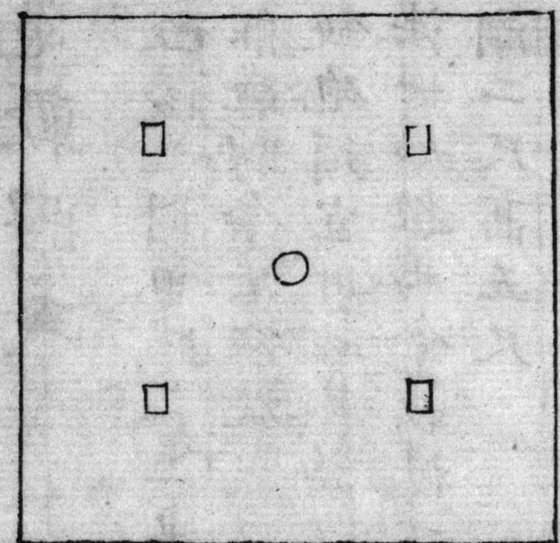

以堅木二根各長六尺餘做如交床腿一般用粗鏾釘八枚如式釘在木上以便閣銃中央用鐮頭一把頂住用以禦倭做輭袱一幅内褁綿子頭髮裡用生牛皮裁作四五寸大片子如魚鱗釘著袱上鑿五眼禦虜無袱亦可此器參酌拒馬鎗戰傘製造安營拒馬可戰可守極妙之器也以飛濛砲作頂拄更妙

神器輭牌式

丘陵之間田塍之上車不能馳騁傘不能旋設賊有銃砲須宜用此其製造之法一如拒馬傘輭袱一般濶二尺高五尺

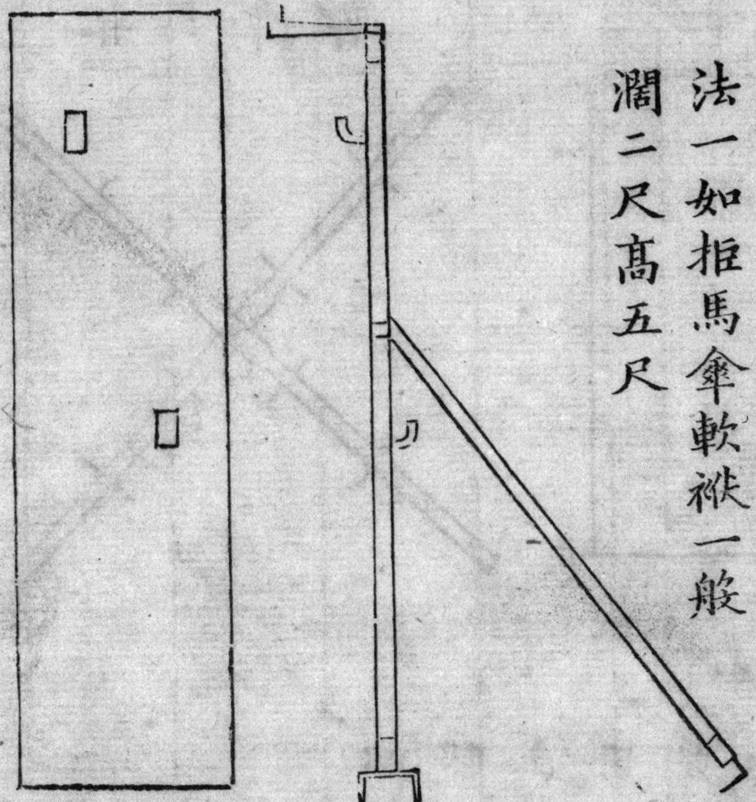

砲架式

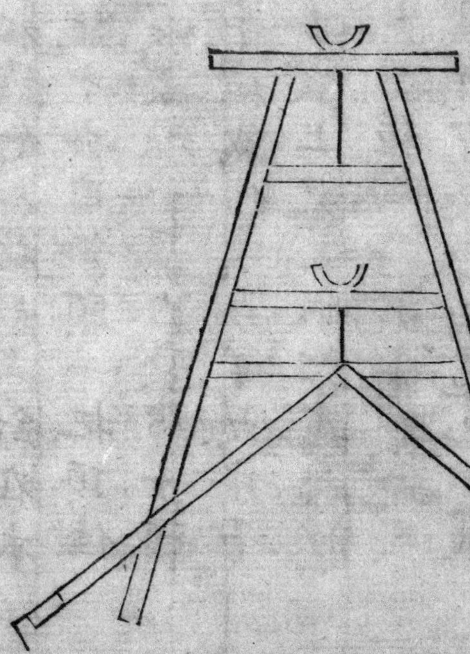

以堅木如式製造上平胷下平小腹山林之中草莽之内營壁之間墩堡之上有物可以隐瞞藏身之處架鷹揚砲遥望轟打

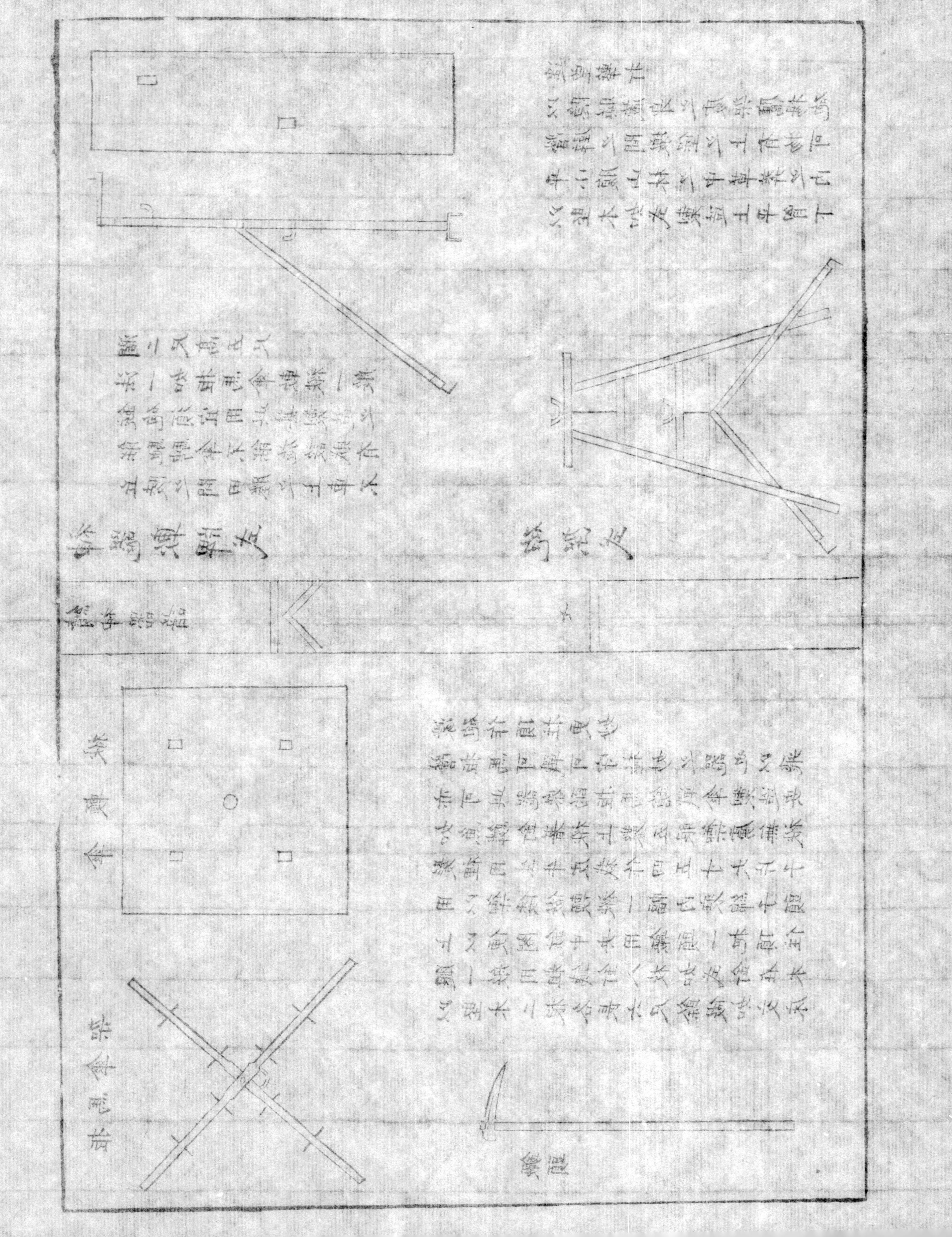

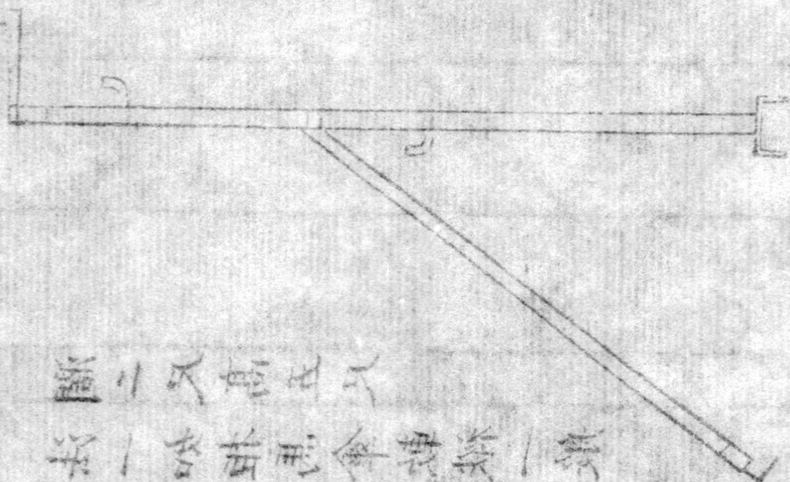

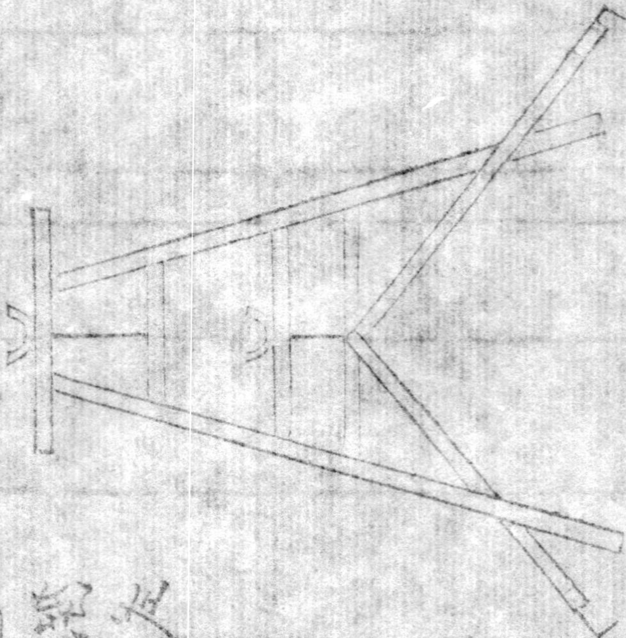

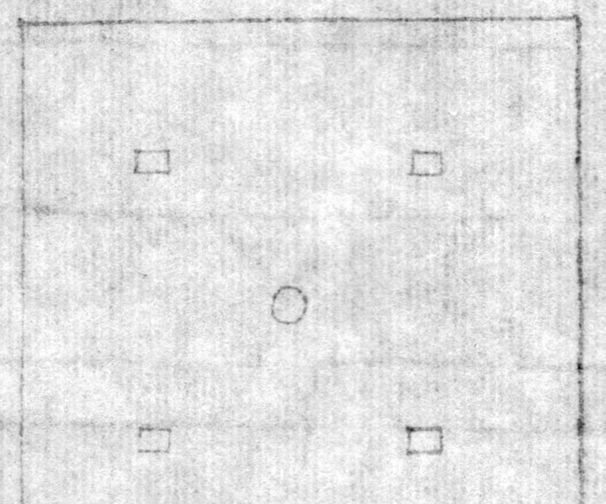

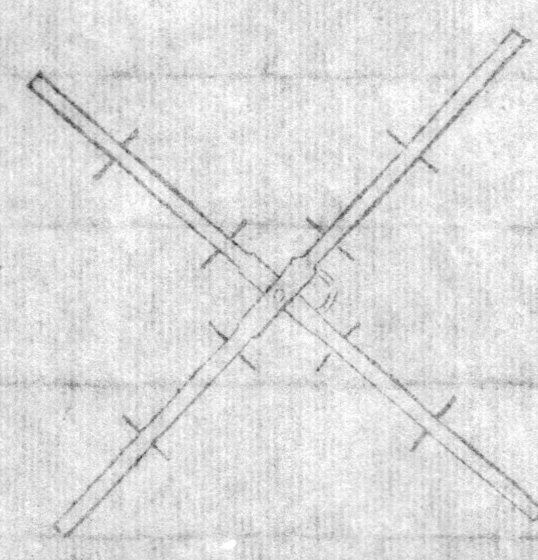

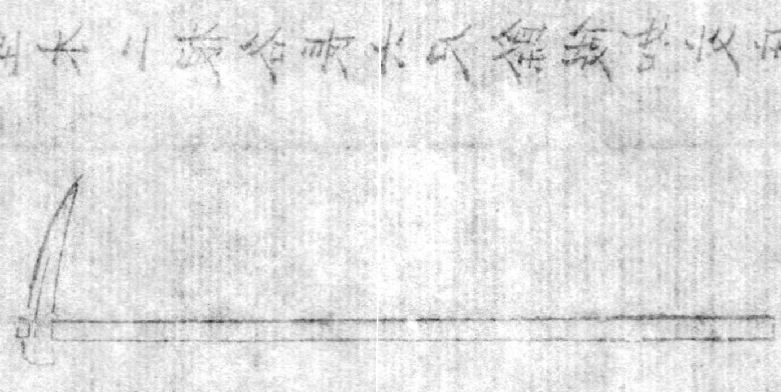

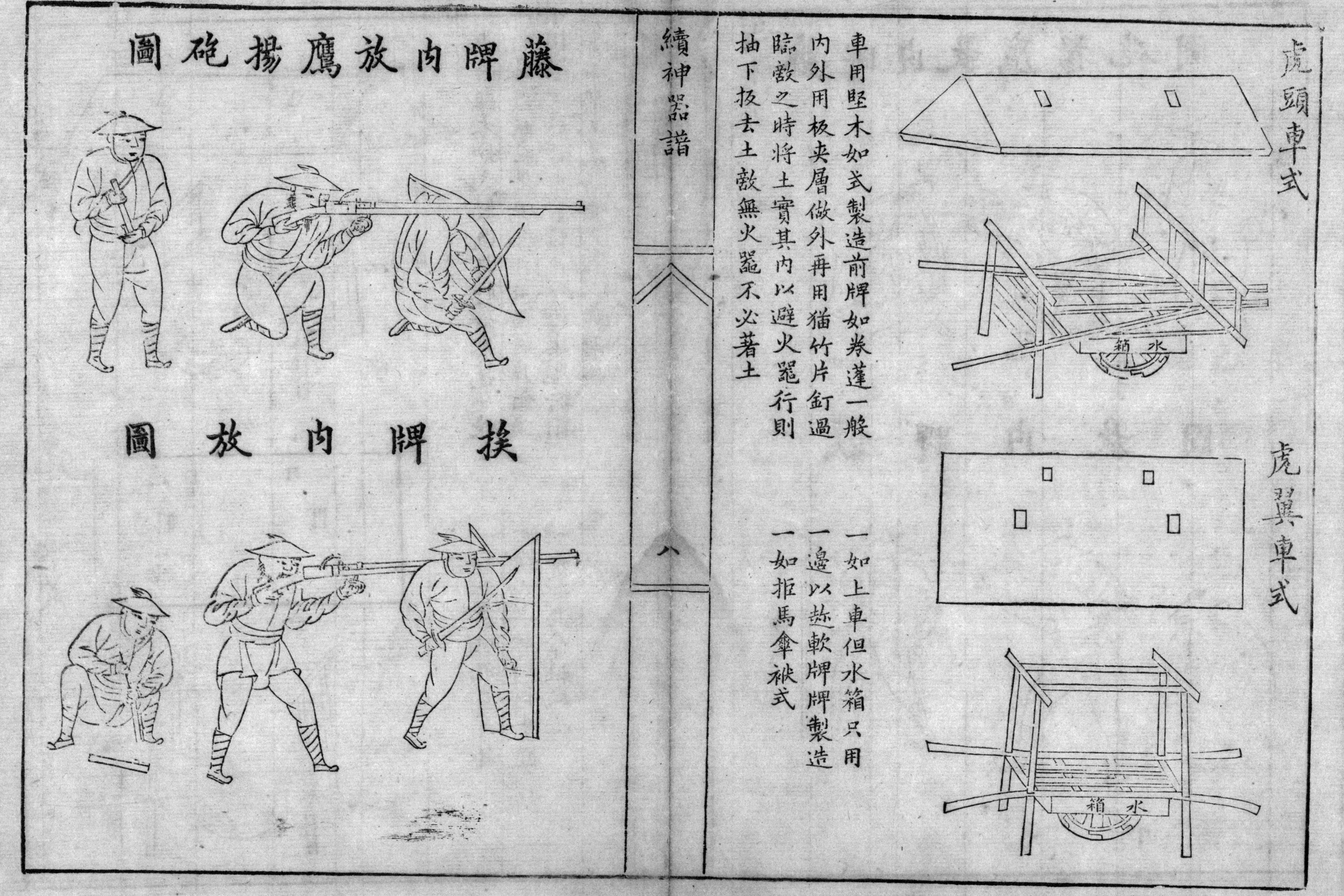

虎頭車式

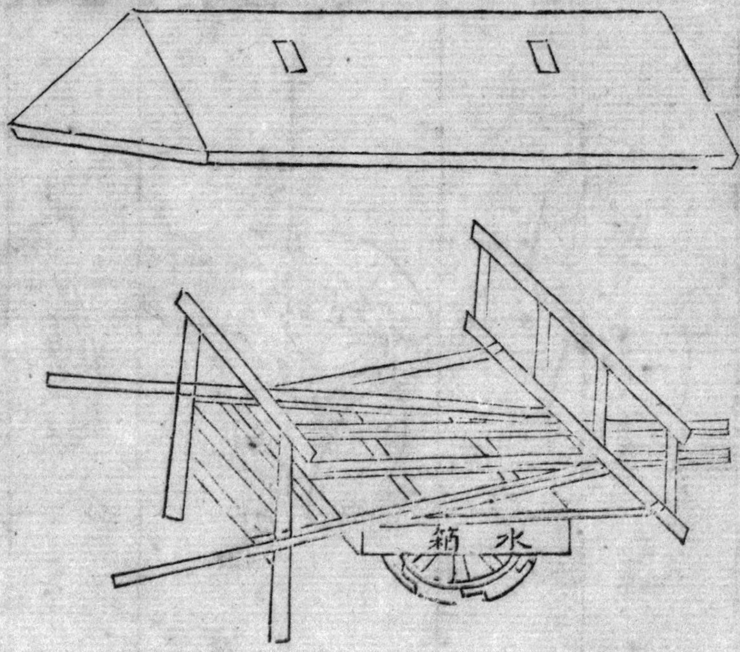

虎翼車式

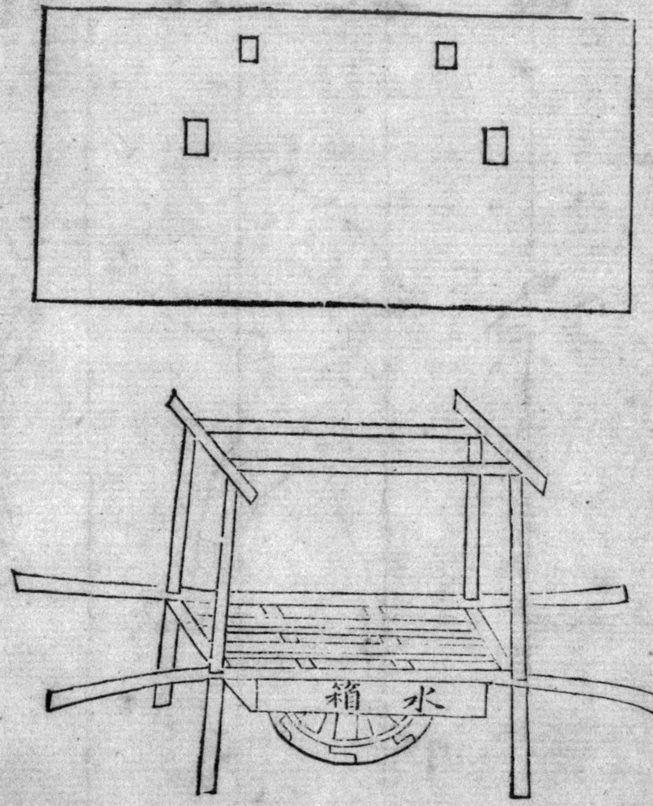

車用堅木如式製造前牌如券蓬一般內外用板夾層做外再用猫竹片釘過臨敵之時將土實其內以避火器行則抽下扱去土敵無火器不必著土

一如上車但水箱只用一邊以㪍軟牌牌製造

一如拒馬傘袱式

藤牌內放鷹揚砲圖

挨牌內放圖

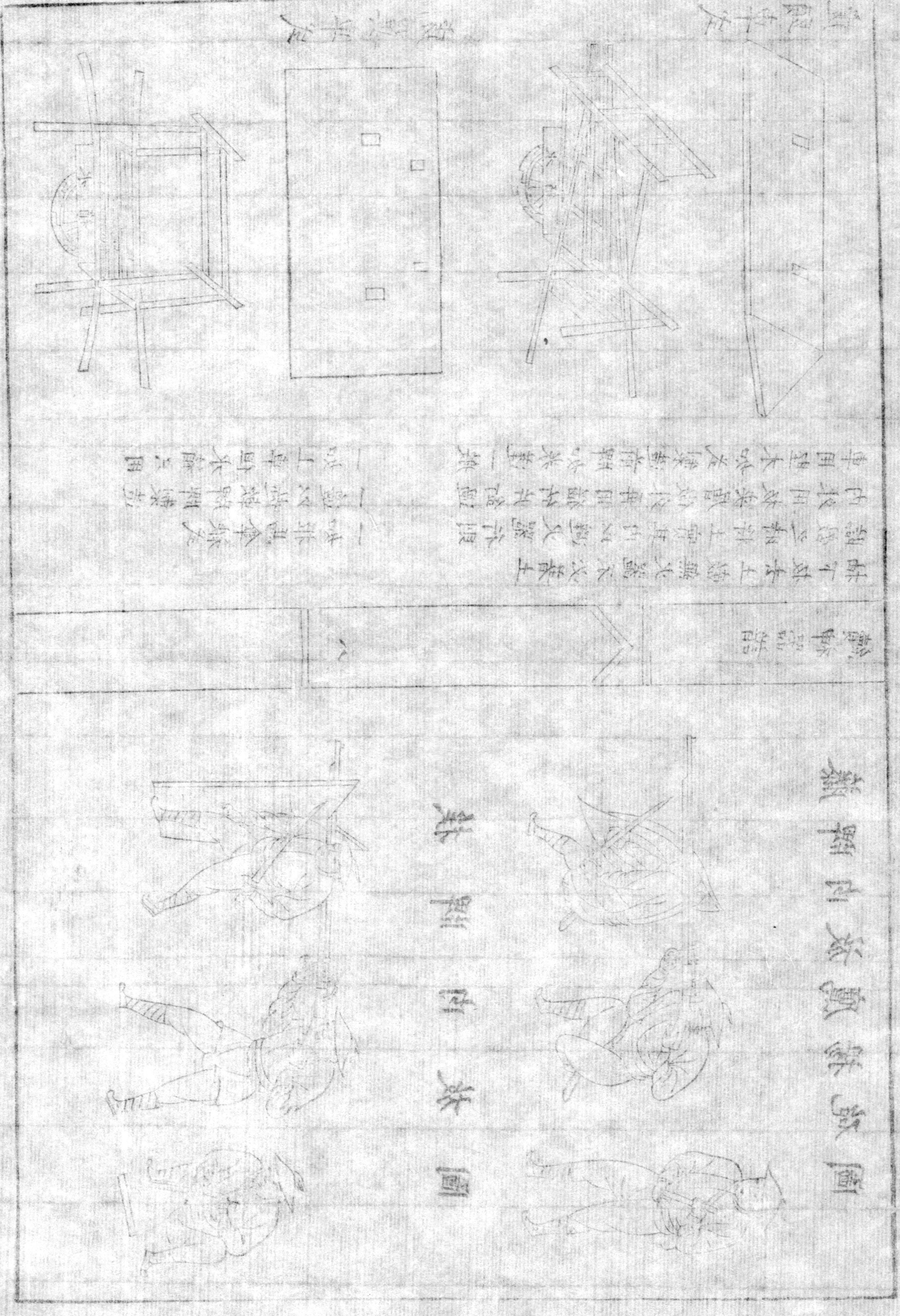

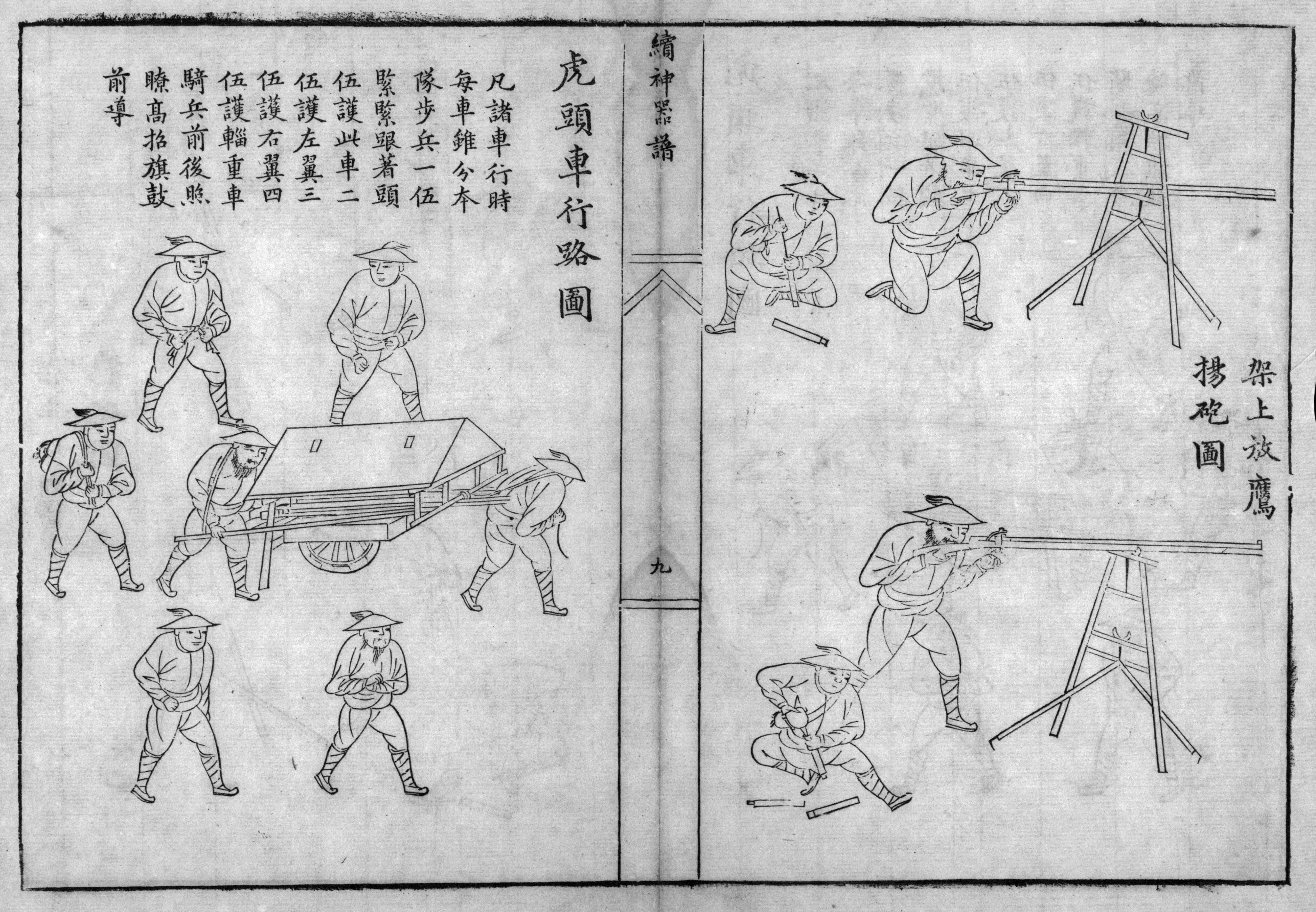

架上放鷹揚砲圖

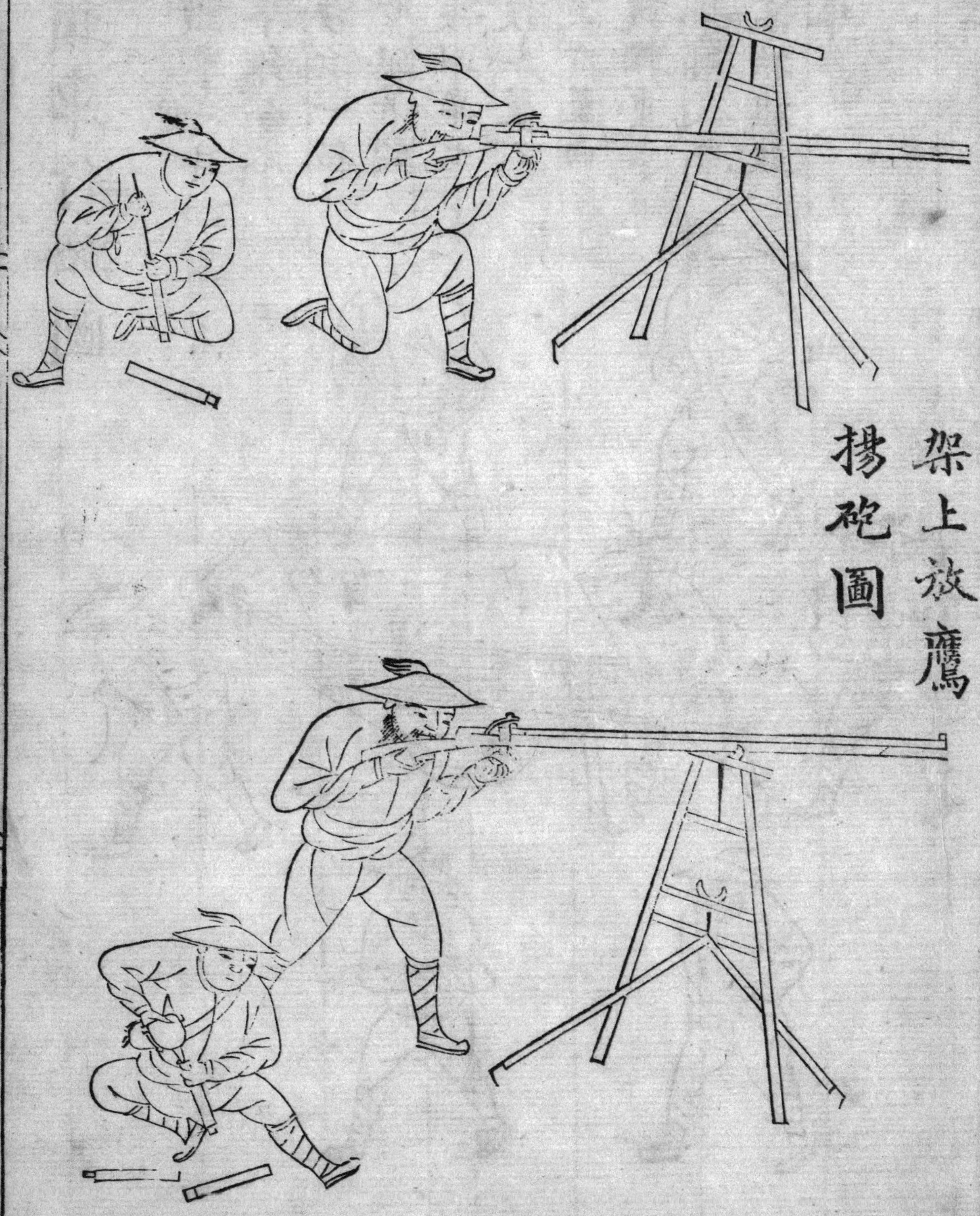

虎頭車行路圖

凡諸車行時每車錐分本隊步兵一伍緊緊跟著頭伍護此車二伍護左翼三伍護右翼四伍護輜重車騎兵前後照瞭高招旗鼓前導

續神器譜　九

虎頭車行路圖

前車
瞭直指旗鼓
騎兵前後哨
伍護輜重車
伍護右翼四
伍護左翼三
伍護以車二
隊緊跟著頭
隊步兵一伍
每車節分本
凡諸車行時

搭架圖
米上欽畫

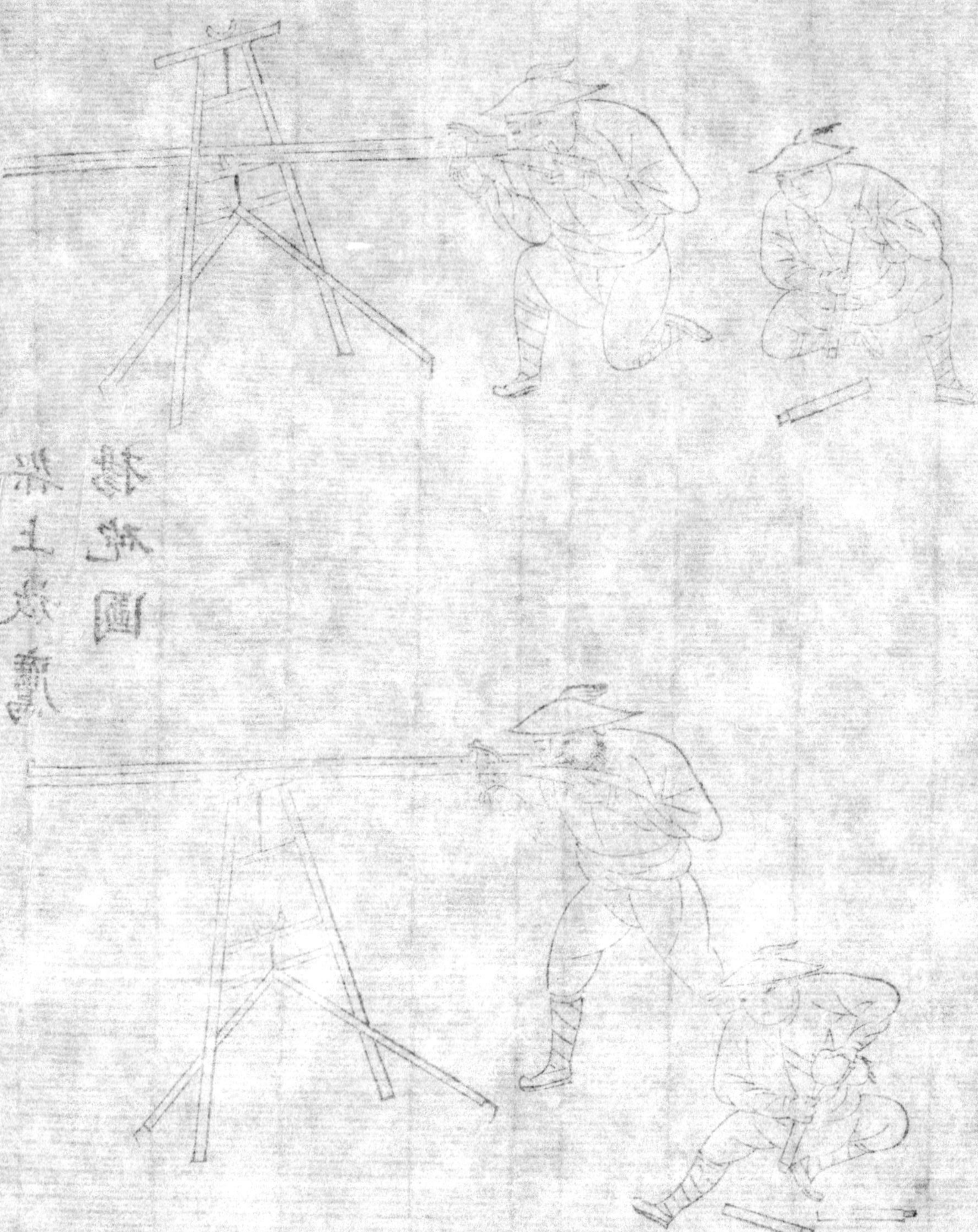

虎翼車行路圖左翼同此

虎頭車打放神器圖

每車鷹揚砲二位砲手四名司車二名車長一名司火水箱二個噴壺一把擠筒一個鐵鐮一把鐝頭一把斧子一把油袱一條渾脫二具若虎蹲或大佛郎機諸砲帶得一位更妙信砲多多益善拒馬傘一把

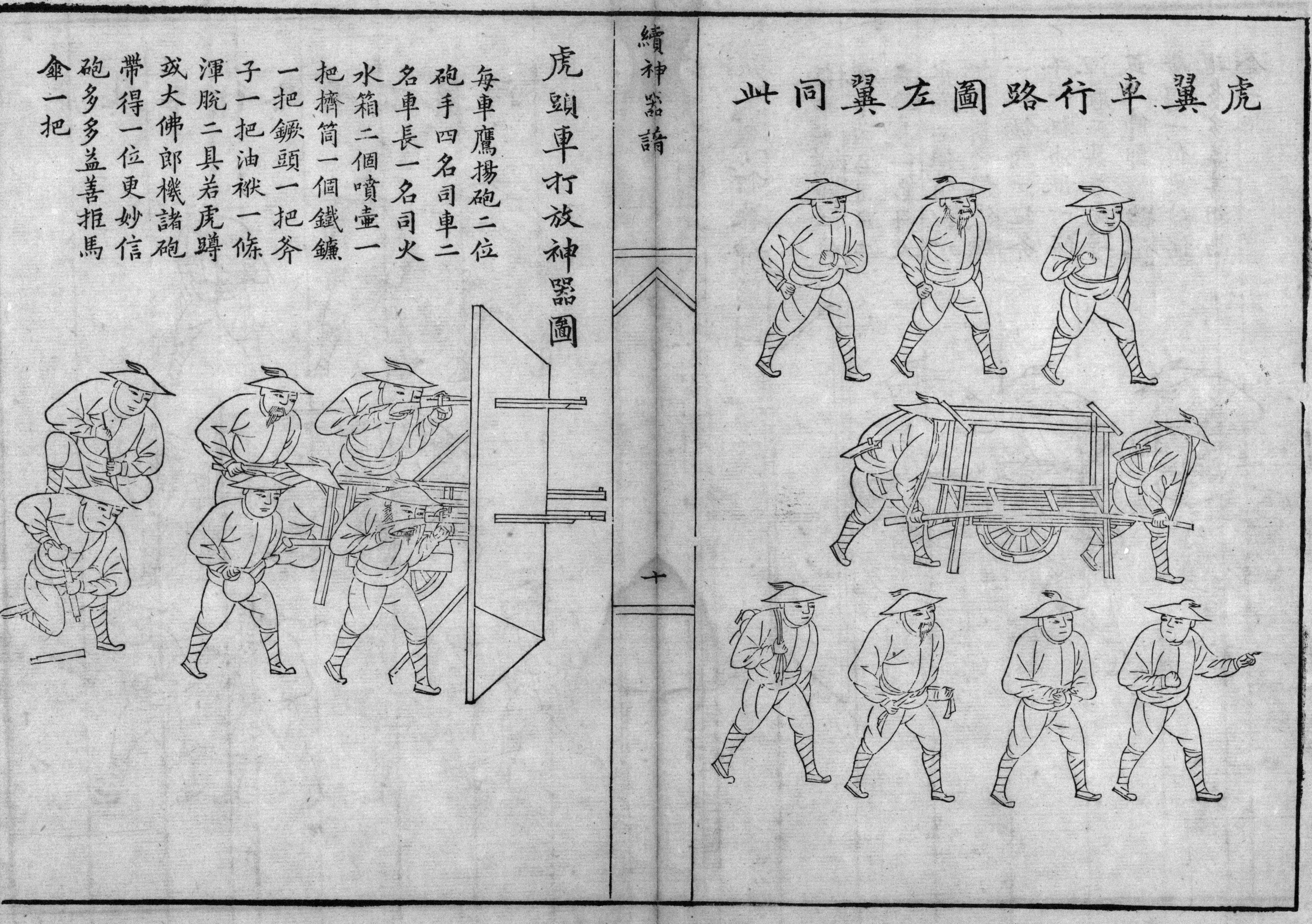

虎翼車行路圖左翼同式

虎蹲車行放神器圖

每車應用砲三位砲手四名司車二名車長一名司火水桶一個噴壺一把榔頭一個鐵鏟一把鋤頭一把斧子一把油漆一條彈丸二具若虎蹲放大佛郎機諸砲帶得一位更妙信砲多多益善推馬傘一把

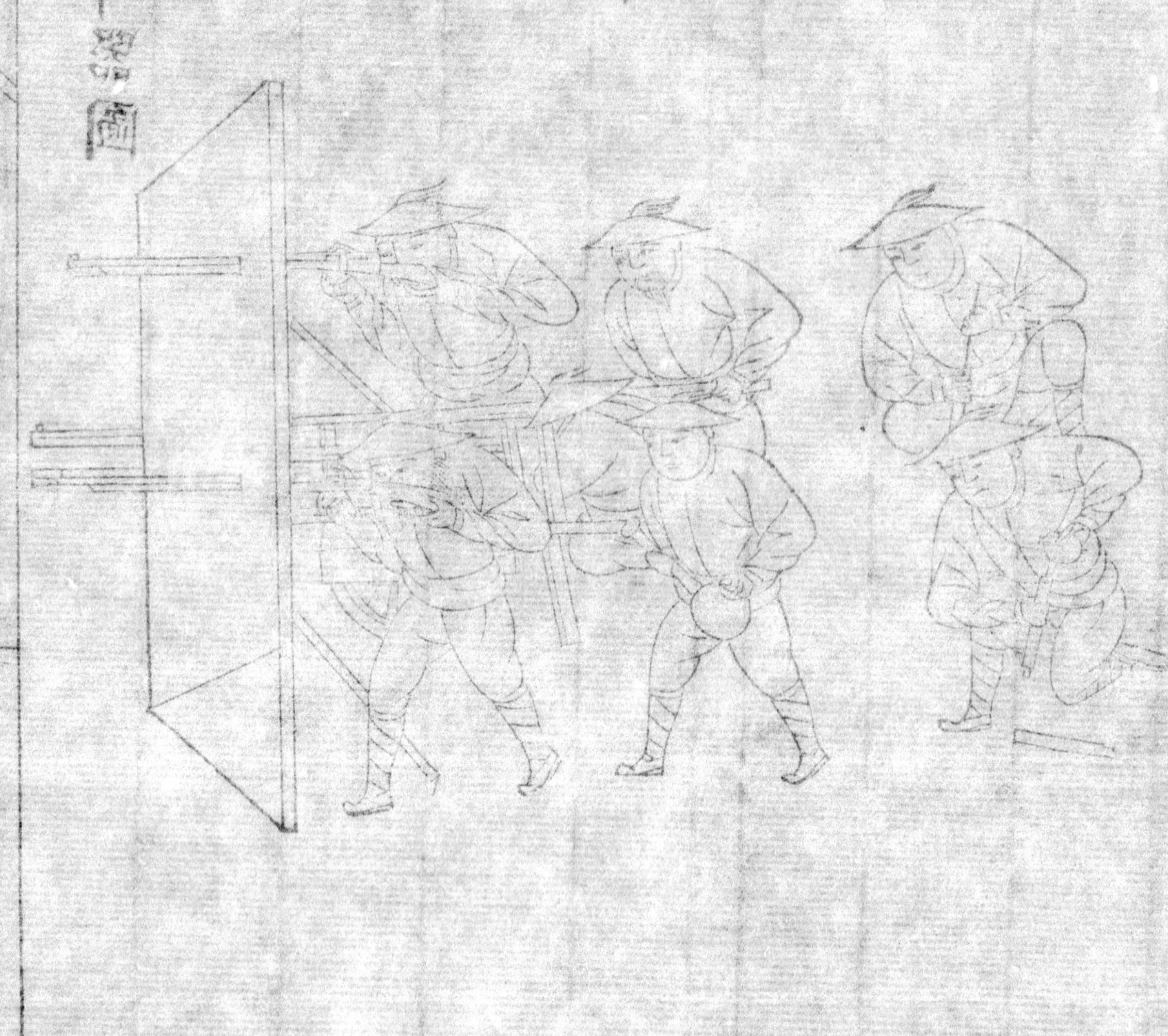

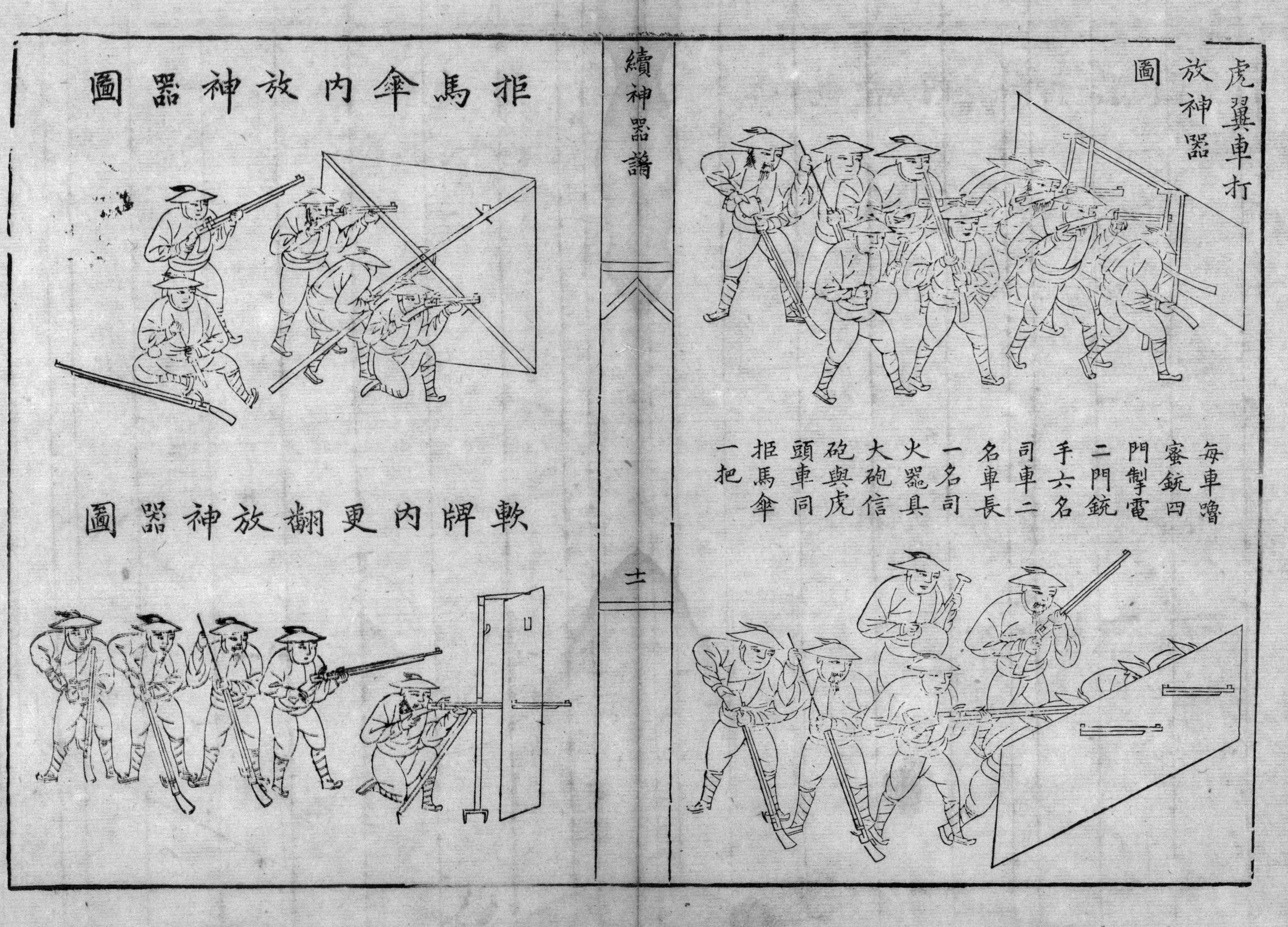

虎翼車打放神器圖

每車嚕蜜銃四門掣電二門銃手六名司車二名車長一名司火器具大砲信砲與虎頭車同拒馬傘一把

拒馬傘內放神器圖

軟牌內更翻放神器圖

推馬傘內放神器圖

擋牌內更番放神器圖

續神器譜

十七

營車右放神器圖

一把傘推馬同頭車次放與信大狼具火器司一名長名車二司車名手六銃二門雷門擊四塞鑑層每車嘗

步下放翼虎銃圖

奇滕同

放畢格鬪圖

馬上放翼虎銃圖奇滕同

放畢格鬪圖

步下放翼虎鎗圖

奇勝同

放單挎刀圖

馬上放翼虎鎗圖奇勝同

放單挎刀圖

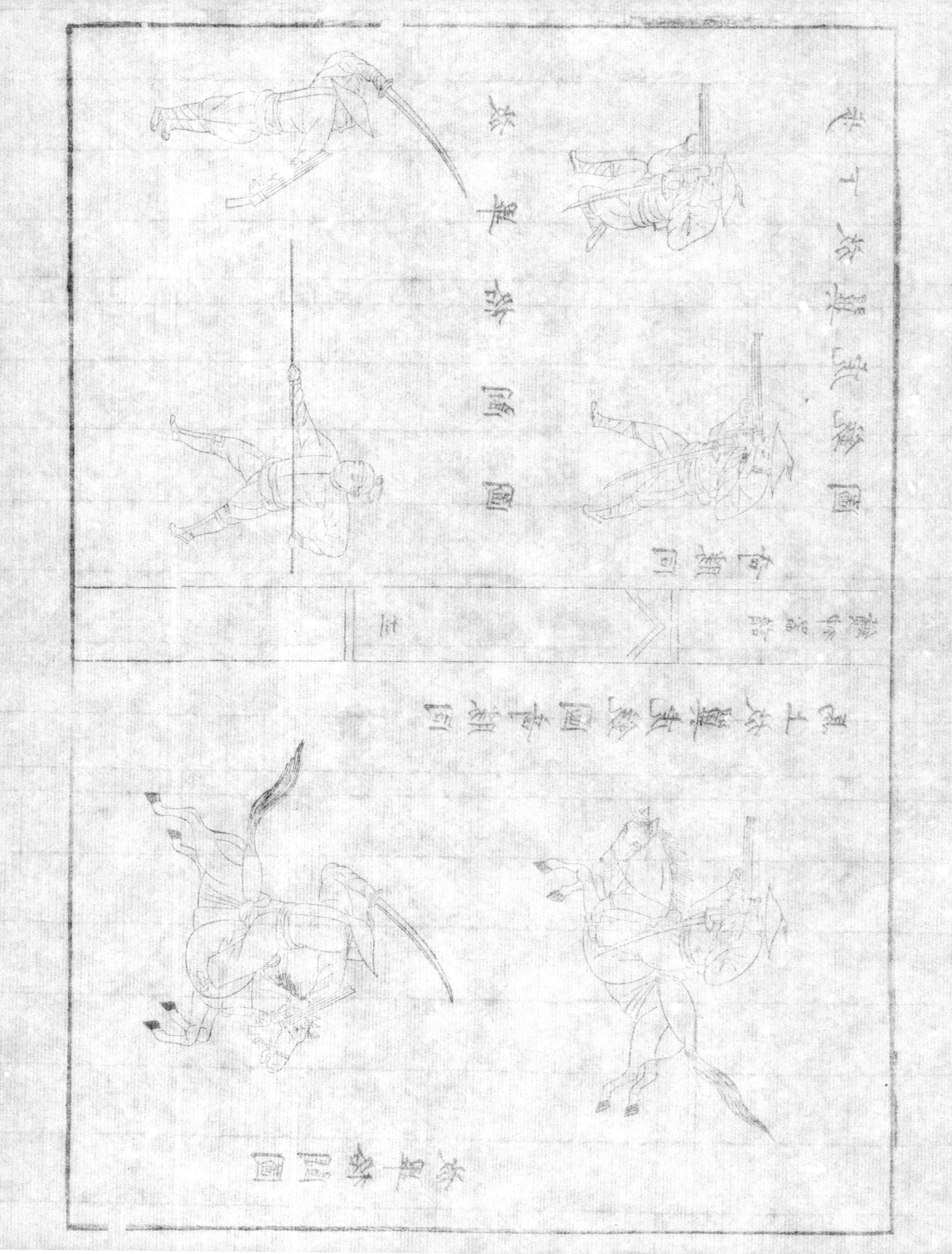

放三長銃圖

震疊架勢圖

裹藥諸架勢一如嚕密銃

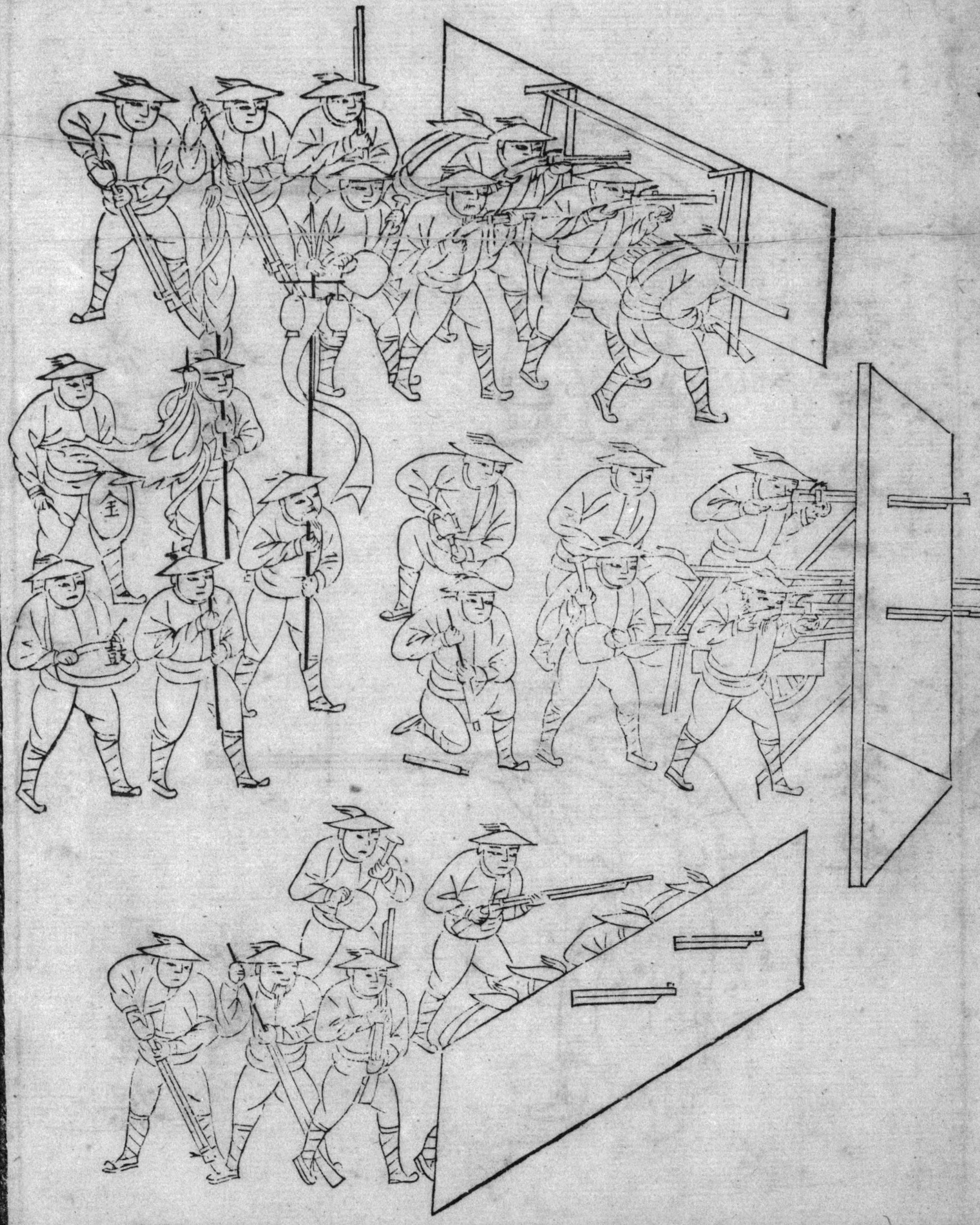

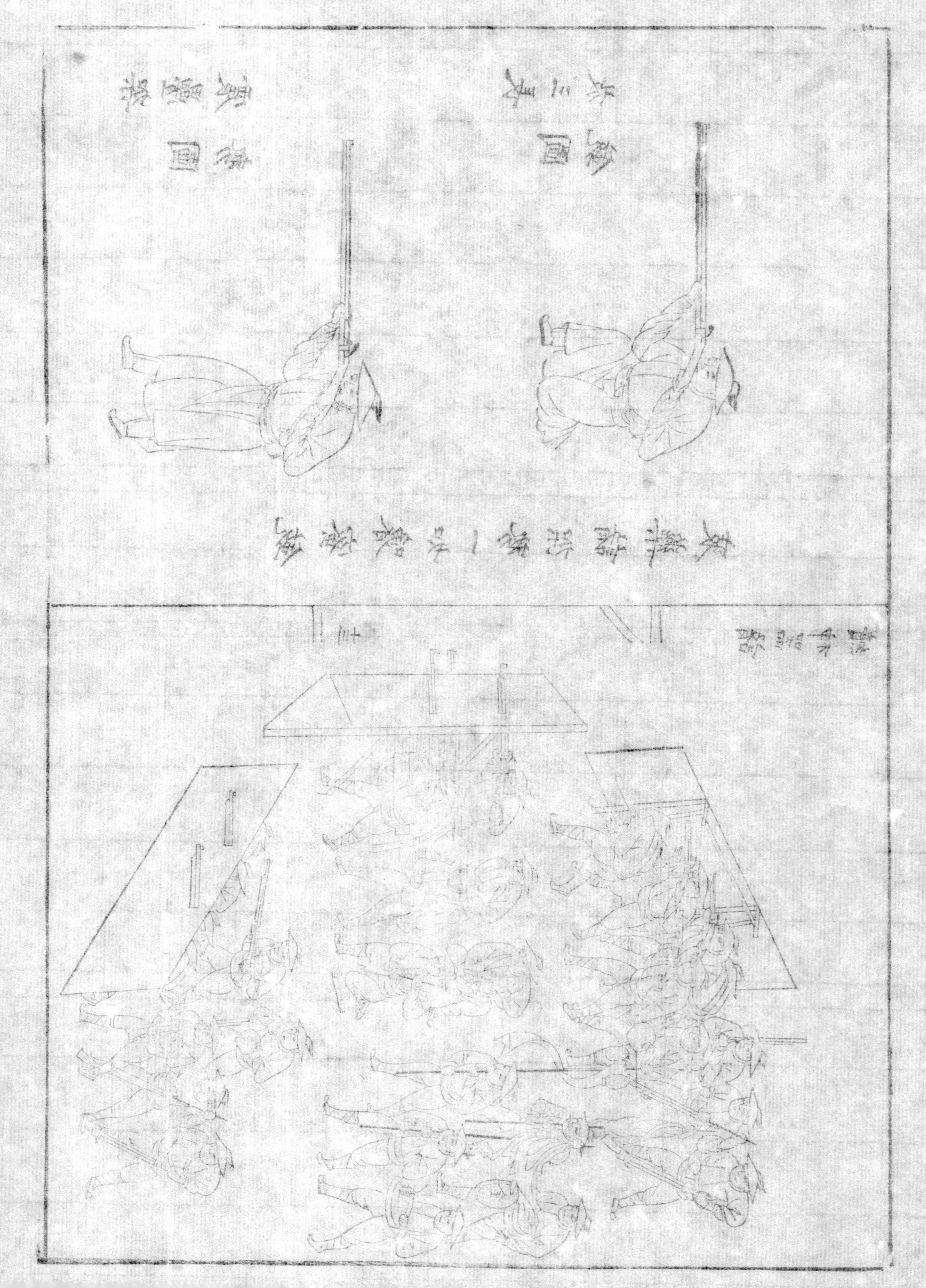

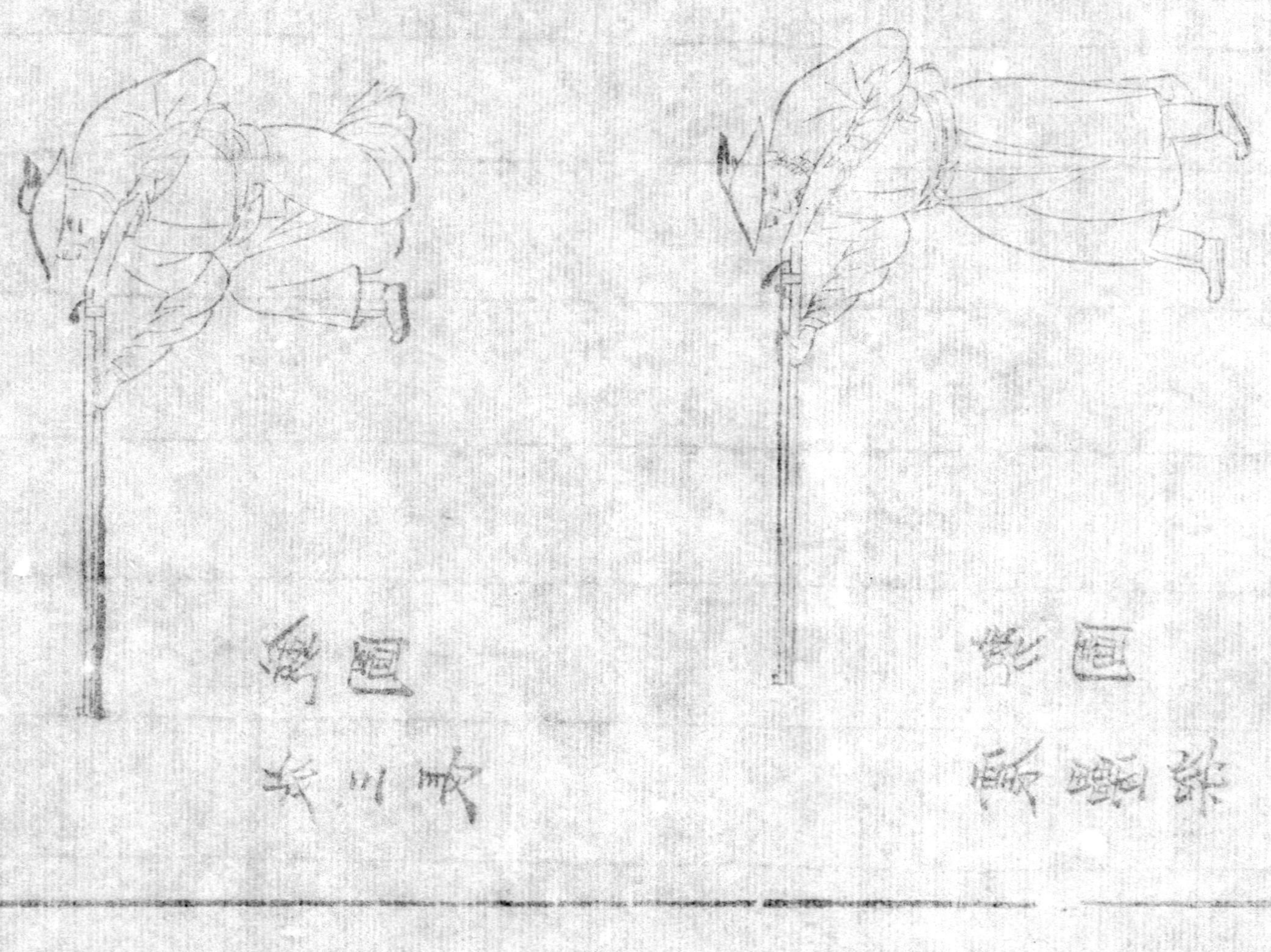

翼虎陣一隊圖

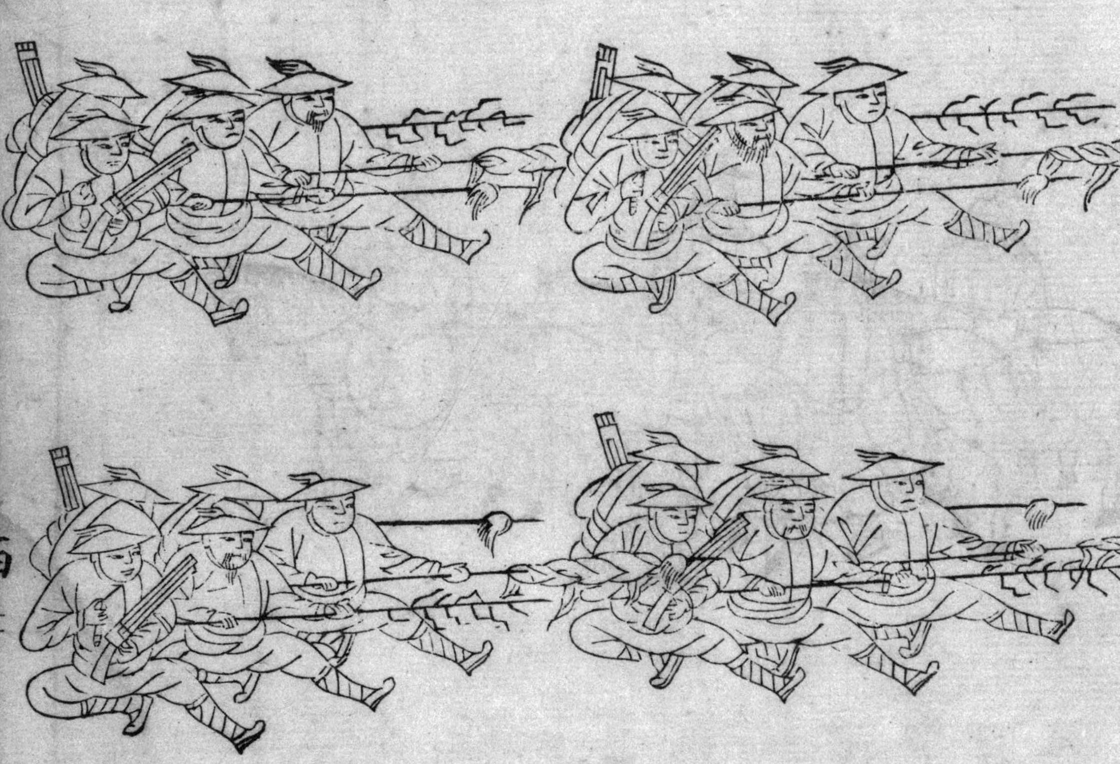

步兵四伍二十名每伍金鈎旗一筅一長鎗一翼虎銃手二若用以禦虜易狼筅為天蓬鏟長鎗為鈎鐮行路四伍分護四車

每隊隊長一名副長一名神器手馬步兵以及襍流火兵共六十名戰車三輛每車擇一人老成知事者司火為車長每伍亦如之輜重一輛拒馬傘四把以備安營時補戰車之隙其進止之法是在為將者神明變通不能以豪楮遽盡大

騎兵五名各帶弓矢或帶翼虎銃斫刀鐵簡悶棍隨人常時習學慣熟者從便携帶

續神器譜

翼虎陣一隊圖

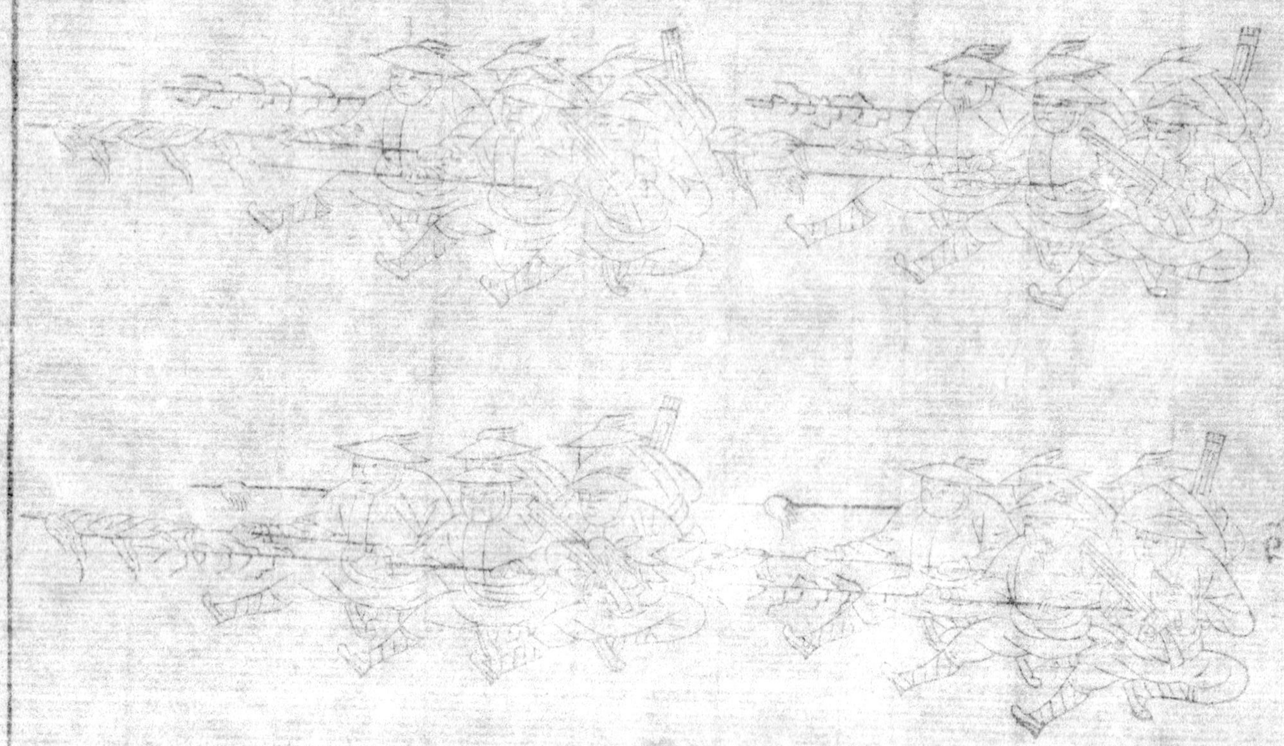

謹四車
行路四伍兮
長[illegible]為遇[illegible]
乳為天[illegible]遇
以迎鷹動根
統手一右用
具鉛一翼虎
鉛旗一隊一
十名每伍合
手兵四伍三

諸以家精選畫大
將者神明變通不
進止之法見在為
時補戰車之隨其
令四杞以備步營
之輜重一輛相為
為中長安左右如
夫成知事右可火
三輛步車得一人
兵共六十名[illegible]車
步兵以乃精流火
長一名神器手馬
每一隊隊去一名圖

從便擇帶
擧慣熟者
入常時習
筒内杞隨
統名刀鐵
敢帶鑒虎
各帶弓矢
騎兵五名

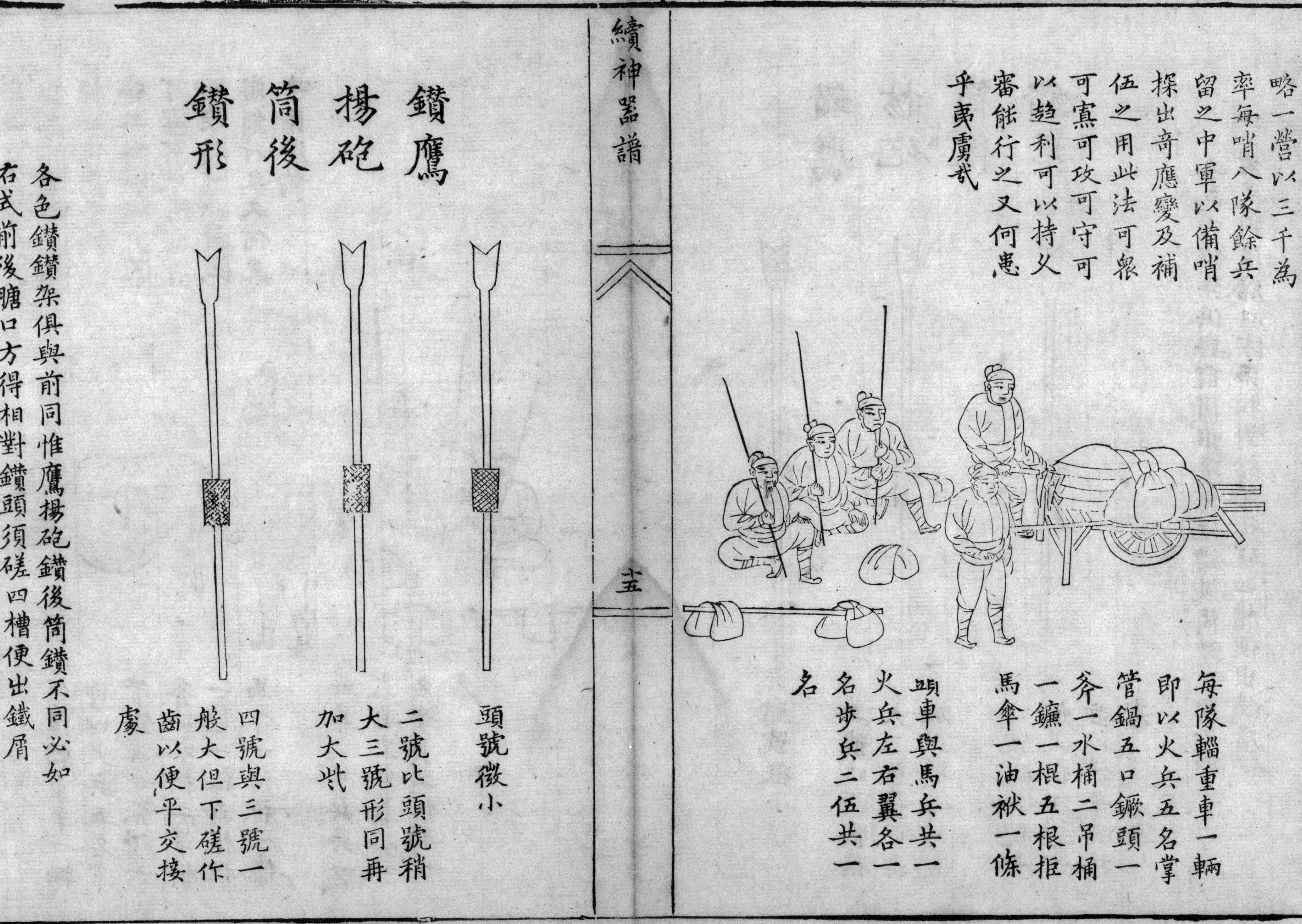

略一營以三千為率每哨八隊餘兵留之中軍以備哨探出奇應變及補伍之用此法可衆可寡可攻可守可以趋利可以持久審能行之又何患乎夷虜哉

每隊輜重車一輛即以火兵五名掌管鍋五口钁頭一斧一水桶二吊桶一鐮一棍五根拒馬傘一油袱一條頭車與馬兵共一火兵左右翼各一名步兵二伍共一名

鑽鷹揚砲筒後鑽形

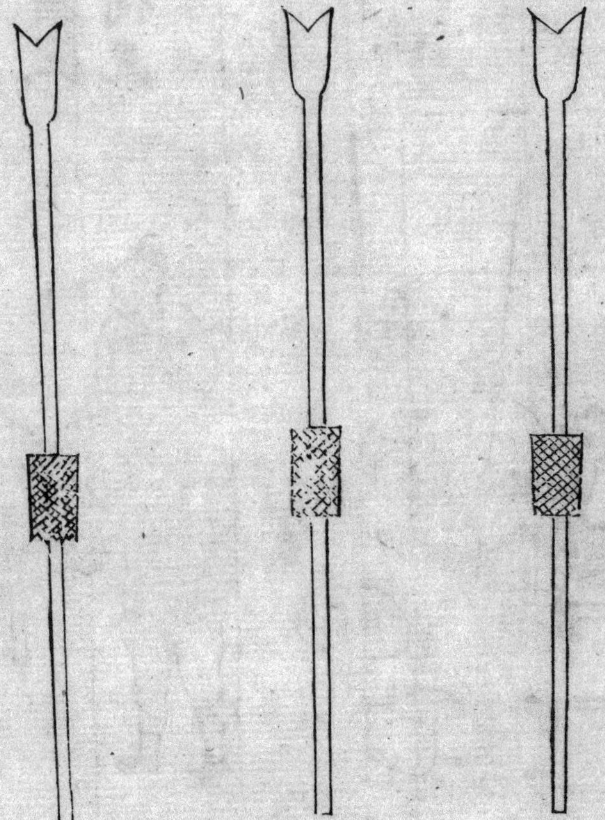

頭號微小

二號比頭號稍大三號形同再加大些

四號與三號一般大但下磋作齒以便平交接處

各色鑽鑽架俱與前同惟鷹揚砲鑽後筒鑽不同必如右式前後膛口方得相對鑽頭須磋四槽便出鐵屑

右大箭鏃口大分作相對鏃頭須尖四棱便出鐵周
各色鏃箭與前同惟鷹嘴箭鏃稍不同以為

鏟箭　筒後　搭花　鑽鷹

處
鏃以便平交換
鏃大於下箭竹
四號與三號一
加大號
大三號於回再
二號比頭號稍
頭號鐵小

平虜車
每輛行以人兩
以結可以捍又
可禦可攻可
伍以用其法可
採出奇應變以補
留之中車以為前
路一鑿一以

右
名步兵二伍共一
火兵左右翼各一
頭車與馬兵共一
馬傘一油衲一佛
一鐮一棍一根
斧一木桶三吊桶
當鍋五口鐮一
印以火兵五名掌
每隊輜重車一輛

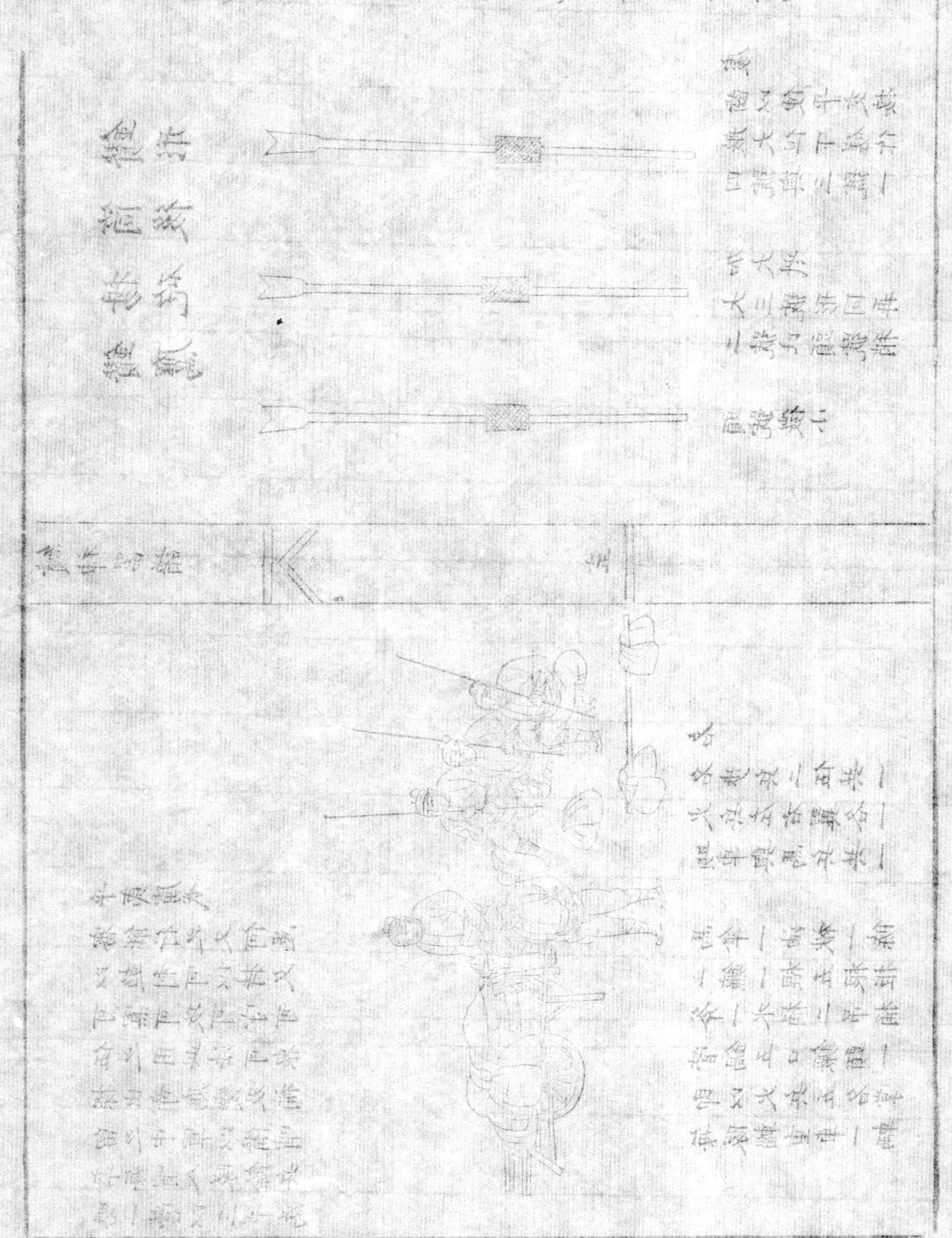

續神器譜襍說

一古人戰陣必求兵精。此二字。不專指士卒而言。士卒亦稱兵。器械亦稱兵。若神器。憑以衝鋒陷陣。不肯求精。是不知兵矣。何能用兵。不必遠引古人。試看海外各國鳥銃。漢北弓矢。西番刀劍。苗人藥弩。便當了然。柰何堂〻

天朝。興師動衆。器械盡皆朽鈍。寧不啓夷狄易心哉

一孫子始計篇。首言兵者。國之大事。今之神器。又兵家第一長技。只緣狃於晏安。諱言武事。一遇警報。倉卒調集。文武將吏。又皆舍近求遠。忘本逐末。誠能詳思兵為國之大事。神器所以為兵家第一長技。則制勝之術。十可得其六七矣

一神器之用。非弓矢可比。弓矢必得巧力俱全。方能命中殺敵。神器巧力自具。全不因人。庥機照星。已備其巧。長筒精藥。已備其

入府藏照呈。已備其巧。其精纂已備其
全。今錄中數。神器巧力。其全。不因
一神器之用。非多不可。此必求必得。巧力俱
之術。十可得其六七矣。
大事。神器以為兵家第一長技。固無疑
合近來邊本。運本鏡錄精彩。兵家為圖之
爲車一。邊警新兵車圖。全集。又查者兵入告
器。又兵家諸一長技。又得紐於果兵安韓言
一。孫子始計篇首言兵者國之大事。令以神

夫。興師動眾。極盡許多。金錢。不啻數家
以來
產。何處。
況此者未因者乃鉤由入藥。靡費便當。以足。
用兵不必遠引古人。數有海外各國見證
以衝鋒陷陣不肯求精是不知兵矣何能
而言上卒亦稱兵器械亦稱兵器神器
一。古人戰陣必兼兵精。此二字不專指士卒
續神器譜議

力。但得執器之人。知其巧力所在。因而用之。則神器之能事畢矣

一演神器易於習射。弓矢有高下苗頭。神器無苗頭。若二三十步。能以彈丸為的。命中。則二三百步之外。無有不中之理。其命中機關。全在知筒偏正。用藥用彈。輕重一般

一放銃發機之時。全要凝神定氣。將筋束骨。攢身極緊。自然不致動搖。若身體百骸一鬆。神氣渙散。定然搖撼。不能命中。凡為將

者。非身親為之。必不知此等意味

一製造神器。須將為國滅賊之心。堅持不懈。方得精工。即寧謐閒暇之時。亦要念及受器士卒臨陣利害。方得堅固。若謂我且了事。用自有人。是濫惡之弊。所由起也。充類至義。實為不忠之尤。倘昧於此道。又不一加訪求。惟任匠作尅減。坐致不堪。後日使用器者受害。是我雖不殺斯人。斯人由我而死。此心何安

九。恒將教器以入。其所乃何。而宜
乃。則神器以餘事畢矣
一演神器。易於習學。不有高下諸頭。神器
無諸頭。若二三十步鎗以準丸節。命中
則二三百步以乎。無有不中以理。其命中
機關。全存各百宜。而用藥用準輕重工夫
一放鎗炮。機之準全要。決神究氣。準節東質
讀身極學。自然不致動搖。若身體右顧一
鑄神氣凝放。以然傾縱不能命中。凡為將

鐵神器譜 七

者。非身親為之。不知此等意味
一叢進神器。須將為
圖滅敵之心。堅持不懈。必得精工。即寫論述
取之時。亦要合及受器十分臨陣利害之
得堅固。若論教且了事。而自有人。見逼怨
之弊。所由致乃。必須金義。實為不致以方
法昧於其道。乃不一加諸求。精任直作鎗
敢。法致不懈。況日使用說者必言。是敵鑄
不敢輕入。輕入由敘而究。其心何求

一神器若得心計周詳。精思入妙。視國如家。
不避嫌怨之人以主造。又得知天時。習地
利。區畫籌筭以制敵人。鼓舞作興以教士
卒。有能之將以主用。自然足以解
聖明宵旰之憂。免生靈塗炭之苦
一製鷹揚砲。筒前小後大。鑽用二樣。後鑽如
子銃。一般大。平其首。先鑽前半節小者。鑽
完。然後用木一根削圓入前口。直貫膛內。
出後門三四寸許。周圍比定分寸。如子銃

大礶圓。吊線再鑽前半節。膛內必須與子
銃膛口一般。毫無參差。方便出彈。稍有挂
礙。火氣後走不便。若製茲砲。葢浪鹵莽之
徒。專尚口吻。不宜輕易委使。以致紊事
一比震疊銃。於筒鑽完時。將筒十字彈準墨
線。每二尺前首墨線。比根頭墨線多離開
一分。百步上下苗頭。自然相去二尺五寸。
臨時裹藥。極要停匀。上下鉛彈分數。不可
輕重。此死法。全要活用

一翼虎銃。用之於百步之內為宜。步下五六十步。方能透甲。馬上二三十步。方能命中。用以伏路極便。緣其體短。可以藏匿。可以多放。手不離刀。急則可以當盾格鬭。遠近俱堪殺敵。又可自衛

一三長銃。取諸銃之極妙處。又從而損益之。只重五斤。後尾小環鈎著鞓帶。負之肩上。即窮日跋涉。亦不覺其累。身帶刀者。戰具輕疾便利。當為第一

一奇勝銃。用寘之時。極其相宜。常記南中出哨之兵。至多一隊。少則一伍。所帶神器無幾。每每銃乏。為賊所窘。茲銃既放其一。且留其一。不惟可以應急。更足使銃手膽壯。右手懸刀。放畢又可如翼虎格敵兇器。一伍用二門。則銃不絕聲矣

一海南各國鳥銃。喜其初為打鳥而作。床尾稍短。後手不甚定準。打放非極精熟者不能命中。若嚕密鷹揚。三長。翼虎。諸器。床尾

頗長緊挨肩膀後手定住望高打鳥似覺不如床短者轉動伶俐至於平闊打人前後手俱定其利實倍之矣西洋幷倭鳥必須歲月學習方能到家諸銃不須一月專心便能打放向教家人西洋及倭鳥銃一歲不成自製諸器三月之内便能以彈丸為的命中于二三十步之外即此一端足以見諸器與海外鳥銃優劣焉

一鑽筒若容三錢鉛彈者須先用二錢八分

鑽〻透再用鑽三錢長鑽從前門直洗至離藥處寸許而止使裹藥處三四寸微小下彈時搠杖一打自能吃住離寸許者欲備臨陣加藥分兩也此處微小不致如常時下打用紙堵塞後小使銃又無倒坐之病若翼虎要在馬上打放尤宜用此法

一銃筒必須從根頭起至一尺二三寸處一般厚方為得宜緣火氣從此舉發此處圓住往前自然直走永無迸炸之患

住。往前自然直衝。不離遲延以入處
臟。厚古為宜。須大氣。緩以果叢出露圖
一鐘論以須以取須長至一尺二寸兼一
火候若是度。要看見上右放大宜用文法
常時下力用鐵錘寒。烘後鐵火無傷之理
欲備臨陣加藥合宜到。平撥撥不致炸
亡。下洋時潮故一切。西洋名往鎗中鍊作塞
鎗要藥裝十分合止。使藥藥裝三四十發
鎗ゝ連再用鐵三錢。長鑄。須前門直洗盡

一鎗膛若容三錢鉛彈者。須先用二錢八分
之藥。諸器與藥不急。鎗優於高
為命中平三三十步以外。即發一發必
歲不敢自棄藝器三尺以內。便鎗於彈丸
乃。便餘打放。百數發人。西洋女傍鳥鎗。一
須歲月學習方能到家。諸鎗不須一日專
後手俱速。其利實倍之矣。西洋手法為妙
又如未經者轉動合銜。至於早通打入前
須長。藝於庭瞭。換手後佳望高打高以覺

一神器固欲精工。若外面華美筒內不甚光
滑。上下大小不得如。一不可稱為盡製
一嘗佀間。如官司不及置辦小號神器可將
大神器用藥三錢者。只著藥一錢於木匣
土牌上演放。藥亦不費聲亦不大。鉛彈亦
可收回。筒又不致即熱。又不煩虞其迸炸
一磋螺螄底須要上下停勻。毫忽不可大小。
旋紋須要層層一般。稍有大小不勻。擰時
必致傷損。其根亦須方鏊。若尖削取出時

不甚便當
一神器守具愈重愈妙。戰具愈輕愈妙。凡為
將者。必須先解斯旨。然後方可用器。若厚
重。能使之便利。輕疾。能使之堅固。非妙悟
神解。深造此道者。難與語此
一試新舊神器用藥。切不宜即著本等分兩。
譬如常時著藥三錢者。且先著一錢。再添
二錢。再添三錢。若係官司製造。鏨歇片時。
然後加至四錢。再著本等分兩。用彈又試

後加至四錢。再若本音方可用神又錢
二錢再添三錢。若係宵可聚造。一錢再添
響如常時。著藥三錢。若且汎造一錢再添
一錢新舊神器用藥初不宜即兼本有而
神藥深進其道若難與論其
重節復之復利輕議復之際而妙譜
將若必須先解其有戚復方可用器若厚
一神器守其愈重愈戰其愈轉愈妙。凡為
大其復當

續神器譜

必欲傳恒。其根亦須方變。若求制度。或時
旋教須要慮之一般精有大小不包。恆時
一旋須籌靜慮須要上下齊勻。不可大小
可次四。簡又不致嚇火。不須虞其遂作
土脾上演放。藥亦不齊。廣亦不大。鉛彈亦再
大神器用藥三錢。若裝藥一錢。裝不腔
向。如實。可不及其彈沁流。素。可
大不攆。若。一不可彈若盡
不若則年若節其不中

若家製者。不必蹔歇。冬天鐵冷。即堅厚亦
怕鷩迸。常用銃。亦當用半藥噴過。方可打
放試。小器。只須避之樹後。或用藤牌護身。
若佛郎機鷹揚砲。須揀極厚土墻。鑿開一
隙。置筒於中。如前法著藥。若大將軍須置
地坑中。用走線。試放。非故為深憂過計之
談。惟恐萬一失事。使士卒無知。因而氣餒。
放銃時。神氣凝阻不暢

一鹽硝鍋初出火時。必須用蓋蓋定。不可令

人掀動。若掀動泄氣。硝中照滓不肯隨水
而出。照滓結成渣時。似硝而更白。但無亮
光。如粗白米粉者。便是此物。家能滚珠與
城塩同害火藥。塩城尚易去。此物更覺為
害。又難認。難去。非久於製藥者。不知

一硝結成塊時。不宜打碎晒晾。須用細籮灰
鋪在地上。灰上著紙。將硝成塊放紙上。待
灰盡將鹹滷城水撤淨。方可曬晾。若即晒
乾。滷城留滯硝内。不肯盡去

若欲熟者不必專聚於火鐵冶即與風亦
恒熾達常用絨市當用半藥貴過方可於
欲熱十器只須過之樹後夜開藥揮撥身
若偏所機應熱須填煉極厚上層鑿閉一
際置爐於中然後著藥若大活車須置
泥乃中國之藥慮故非故為深奧過計之
誠惟恐萬一失事使士卒無知回首氣綫
欲熱時氣須同不熱
一鹽鍋須出火時必須用盖〃以不可令

入撥動若撥動泥氣納中與滓不肯隨水
而出無滓結成酒清似鍋而更白但無光
尤恐粗白米粉者便是此為霜能家珠與
鹹鹽同害火藥鹽鹹易去此物更覺為
言火藥鹽多非之藥藥者不知
一粗結成粱時不宜行揀細涼須用細罐灰
鍋在地上炙上着幾將精成漿熬幾上待
欲盡將鹵滴盡水灑淨方可灑頭番甲滿
其滿留滯網內不肯盡去

一製藥研。搗。工夫俱到。方可試之手中。手中不熱。自然。不甚燒筒。若研時工夫不到。硝黃滚為細珠。不閉火門。必糊銃筒。雖搗到無用。若搗時工夫不到。烟焰薰眼。火不輕快。雖研到無用。若研搗。工夫俱到。自然渾化。不但查滓俱淨。而氣息亦盡去矣再加銃筒光滑。豪無罣礙。即終日舉放。亦無他虞。此年来身親為之。試有實驗。殊非漫語

一製藥用極細柳枝。及麻稭燒炭。將炭用冷氣燒酒浸過。晒乾。又浸。又晒。看炭上有白霜起。然後研細。每硝十兩。柳灰一兩。麻稭灰六錢。硫黃三錢。斑猫七十頭。如製筒藥一般研搗。、出不乾不濕之時。用馬尾羅篩出。要如蒸糕米粉一樣粗細為妙。太細陰天恐糊火門

一柳木灰製成藥。與麻稭麩灰製者。以藥罐上桶各盛一桶秤之。每三錢柳灰藥。重別灰五分。夫火藥全憑炭灰作力。一銃減去

一粟藥研搗工夫俱到分可鋪以手中手中
不熱宜燥不甚燥搗者研時工夫不到硝
黃濕為細絲不閉火四文粗鋪搗難搗到
無用者搗時工夫不到烟燒薰服火不較
唯雖研到無用者研搗工夫俱到自然運
火不但查渾俱淨而氣息赤盡古失再無入
細簡光滑真無置瀰即參日聚放赤無何
廣此羊來身細為之敵有寶驗殊非漫語
一粟黃藥由極細柳枝及麻稭燒灰將灰用

冷氣燒酒浸過晒乾入浸入晒有灰上有
白霜去漿後研細每斤十兩柳灰一兩麻
稭灰六錢硫黃三錢研細大十顆每斤藥同
藥一般研搗一出不乾不濕以時用為度
羅篩出要如蒸米粉一樣粗細為妙大
細隨天碎粗火門
一柳木灰粟放藥與麻稭粉灰粟有以藥鑵
上桶各盛一桶秤之每三錢柳灰藥重別
灰五分夫火藥全憑炭灰作力一錢減去

五分。再加灰之本性又弱。一銃之力。以十分為率。用他灰。則力減去十之三四分矣。神器取遠狠為貴。反欲弱之。何也。究其用弱灰之故。皆曰南方初用兵時。所製銃筒不甚堅固。常常炸壞歸咎火藥力大。欲少損其力。遂用茄灰。瓢灰。因求輕快。北方又用麻稭灰。此實以譌傳譌。將錯就錯。但日求輕快。竟不覺藥力轉減。殊不知研擣到家。柳灰較諸灰更輕。更快。試之百步之外。

柳灰者。一寸厚板。二層俱透。麻稭灰者。止透一層。觀此。是求利反鈍。勞心日拙矣

一製藥。欲用之於陰雨之時者。每硝十兩。加炭灰二錢。共一兩七錢。將藥製成。再用細絹攤竹箍上。絹上加燈花紙一層。置藥於紙。用雨水。或雪水。冰水。如海人燒鹽淋滷一般。緩緩澆淋。下以盆接淋下之水。將此水如盆硝法。煑出。帶下之硝。研細復歸藥內。再如前法研擣。使鹹氣鹹味淨絕。陰雨

五分再加灰以水性大稍一滴是乃以十
分為率用宜灰回力減古十以三四合矣
神器果遠宜為貴乃欲精以何乃況其用
精取之故皆曰南方為且兵藉所製鎔簡
不甚限固常ヽ而壞歸於火藥之大欲少
損其力遂用治灰製灰因由輕捷且方大
用麻精灰此實以為傳為將錯就錯但自
來輕快費不覺藥力輕減殊不知稍過到
家柳灰輕諸灰更輕更快誠之自古以外

打灰者一十層板二層灰適麻稭灰為止
透一層硝其是求剝灰鋪消之自細矣
一製藥欲用之於陳而之時者欲細十兩加
以灰二錢與一兩大錢半薄製成再細細
錯鋪於缸上錢上加燈者熱一層置藥於
錢用而水數雷水米水相海入鍋鹽淋過
一瓶錢ヽ滴淋下以盆接淋下以水淋其
水好鹽硝淋煮出帶下以鹽硝鹽滴歸藥
內再加前法研稍使減實味淨鹽陵西

時藥罐藏之貼肉。自然不攙潮濕。雨水冰雪水。取其無鹹。若無三樣水。用河水山泉水。切不宜用苦井水

一硃黃須用水研。飛過者。方不滾珠

一柳枝。在清明前後採取者為家。緣其葉。將攙。末。發之時。精脉盡聚枝上。其力更大

一製藥。必須與研搗之人先約。藥成。即放經手者。手心點試。自然不敢苟且。銃筒。亦令經手撈筒鐵匠。點火試放。緣世間極愚至

賤。無有不欲保全性命。愛惜肌膚之人。累經試驗。極妙之法

一又方製藥。硝黃分兩俱與前譜同。惟炭灰每硝十兩。比前加灰一錢。其硝一半研作細末。一半用水化開。研搗時用此水。拌硝礦炭灰諸藥。更覺渾化

一神器手。必得短小。伶變手準眼快。膽壯有力者為上。切不宜用。粗蠢大漢。及氣弱之徒

晴藥罐濾之晒內自然不黃潤濕而米米
雪水。泉其藥滋。熬三種水。用河水山泉
一 水切不宜用苦井水
一 硝黃須用水研。飛過者方不滲沫
一 柳枝。宜清明前後採取者為度。縛其葉將
潑手發之時。精脈盡聚枝上。其力更大
一 煎藥必須與研搗之人先約。藥成即放鍋
手者。手以藥試。自試不敢。劣且鑑簡亦合
銃手擦簡鐵匠。與火試放。藥中間極邊至

續神器譜　三

賤藥有不能保全性命。愛惜飛屬之人。累
銃試驗極妙之法
一 人方藥。稍貴合而俱與前諸同。惟成方
藥稍十兩。只有如火一錢。其稍一半研作
繳沐。一半用水化開。研搗將用此水拌稍
積炭灰。諸藥更覺運化
一 神麴手。須得短小修整手準服常燃此有
力者為上。切不宜用粗春大滿及氣弱之人
焙

一神器不問陣上并教場中放畢時即將銃筒取出堵住火門用滚水灌滿筒膛待水滲入螺螄旋中然後用棚杖裹布刷洗倒水擰出螺螄底用滚水將筒膛衝淨以紙團振乾直立高處候筒内無熱氣再以紙振乾火門用香油抹螺螄旋裹安停妥如銃常日所用火藥分兩裹飽收不近燈火處所若秋冬晴明風高氣燥又止放一二次只須用棚杖乾洗倒去查滓飽藥亦可

無事不用春夏每月要收拾二次秋冬每月一次不肯收拾底必繡住繡住二三年雖精堅之筒必致損壞

臨淵羨魚不如退而結網年来虞倭虞虜不求制馭之策楨竊惑焉爰作二譜毋邇望邊吏結網以臨淵乎非好事而妄為之也

續神器譜終

一 神器不用陣上并教場中演畢時節號
筒取出擠在大門用滌水灌滿筒漉淨水
滌入鍋中煉後用滌水淋杖裹布淨洗
水俸出入釉去底用滌水洗淨庶免以水
圍擬乾直立高處候匣內無濕氣再以紙
擬乾火門用有油木匣盛貯裝定安頓安妥如
銃常日所用火藥分兩裝完收不近燈火
處所若秋冬晴明風高氣燥大止放一二
次以須用桐杖乾淨便去查滓傾藥亦可

無事不用春夏每月要求拾二次秋冬每
月一次不宜收拾庶紙繡住漏住三年
銃精堅不漏以致損壞

臨陣美惠大抵近而精細耳未盡康濟不
來制既已定備疏各二種務要遠
惠器銅以臨陣非好事者之玩好也

續神器譜終

神器譜或問

東嘉趙士楨著

神器為師旅鋒銳。

中國制馭四裔勝具也。承平既久。漸就土苴。日陵月替。致不可用。邊吏苦於不可用。因棄而不用。遂使鋒銳潛挫。犬羊坐強。後時利害。視若秦越。內備不脩。亦既極矣。楨隱憂

明時。疚心若狂。乃以所得師傳者。作神器譜。

備陳製用。奏之

主上。冀得縣官一試用之。庶幾邊燧可息。海氛永消。曝直之暇。復檃二譜未竭之愚。臚列如左。知我罪我。其在茲乎。

或問二譜神器。再加舊日大器。攻戰守伏之具。可稱極備。倘敵用前代火攻之法。我兵誤落彀中。諸器不得施其所長。為之柰何。

曰。是在為將者明天時。察地利。見可而進。知難而退。嘗觀用火之法。在天時全憑風

務營陣無事之時信行營有務在法

必演銃兵法熟須得其揮一教轟以陣宜

也運用變化存乎其人肇於靈心入於巧

餘如虜騎蜂擁而來為之柰何曰神器治

或問論神器固無命中之說一發以後多寡

器亦濟

敗計信之有必勝之將而兼必勝之兵神

重引導必不為敵所蹂躪於是何往不隨

內防火箭藥審備明火毀制入致慎

火責以攻敵〻靈敵外防攻敵毀敵靈城

敵上林木蒲薦輜重轒轀防其因風縱焚

攝鉛運防其用重器搖火以火敵〻居

風防其回風順攻敵處敵下當壘營捧舟

攻險谷防其於垣擊其首大河不利下

林來防其中灌毒之首尾來擊截攻溫

須防其速擊教器既速便是隨寘會於藥

可利則平原曠野一回之後不餘用火以

攀占高風偵預治以厚圍擬快鎗圍敵存

之外。信砲未。備急掘濠塹。先用大將軍擊
打。其餘火器。更翻而用。任其山崩潮湧而
來。非鐵。非石。必然星散。一經散亂敗之甚
易。但今日無能之將。何嘗得用神器之法。
稍有知覺者。恃賄賂可以公行。是非可以
倒置。只圖僥倖擄取假級。充為真功。損傷
士馬。塗炭生靈。弥縫掩飾。且了目前
國家後日利害。漠不關心。則神器似不能制
虜者。非神器不能制虜。庸人不知用之也。

不必遠舉。請看
先朝邊臣。曾開府銑郭定襄。登周將軍。尚文皆
虜所最畏者。俱以神器勝。近日遼左李開
府。化龍以茲法授之庸將。尚成高平奇捷。
右屯一銃。退虜數萬。竟全危城。則神器之
功效可想矣

或問以信砲布鐵蒺藜於百步之外。幷掘濠
塹。敵固不能入。然我亦不能出。若敵為神
器擊散之時。乘勝逐北。我兵必不得前。是

器擊敵之時，未勝違此身，與之以不遇前，是
速敵固不能入，決教亦不能出，若敵為神
參閱以信，範有鐵蒺藜於百步之外，銃礮
物猶可想矣
右已一篇，退虜數萬，竟全虎敵，則神器之
有。行舊以為法教之庸將治兵，百年猶戰
實所宜責者，須以神器勝，近日邊方所運
兆頭邊西番間所專內變，命周將軍。尚文 皆
不必遠舉諸者

虜者非神器不能制，虜入不知用之，乃
國家謂曰利害深不關心，則神器何以不能制
士馬塗炭，生靈殘戮，僅餘旦夕，自前
倒置只圖僥倖，摸取假籍，幻為真物，猶
稍有知覺者，猜瞻躊躇，可以行於是非可以
易位今日無能之將，何當漏神器之術
來非鐵非石，必然星散，一發散亂，鳥驚甚
打其餘之器，更須而作其己滿漏而
以外信惡法有為善也而大將軍擊

蒺藜濠塹。與敵共之矣。曰。兵家有正。有奇。當用奇兵逐之。誰曰不宜。若全仗正兵。而不能用奇。豈足與語兵哉

或問戰場既擇。濠塹已掘。蒺藜俱布。我寡虜衆。繞出我後。分兵攻我必救之所。時當日暮。去必救之地稍遠。為之柰何。曰。以軍中翼虎車。分置前後。以偏箱翼虎。衛我左右。觀其瑕釁。鼓行擊打而前。迫我則急擊遠我則緩打。俟其氣怠。以騎兵用翼虎急擊

之。虜衆必亂。即有十萬。又安能困我。太公之對武王曰。欲出之道。器械為寶。此之謂也

或問單刀。鳥銃。倭奴長技。刀不能以刀制之。用我長鎗狼筅。今日畢竟以銃制銃可乎。曰。可。倭奴單刀。童而習之。白首不厭。行住坐卧。時刻不離。原有傳授。兼之成性。刀有一定之製。難以加長。其法一時。又不能增巧。故求長兵以制之。若銃之巧力。全具銃

流藥藏藥上兵器，其以寡者，曰兵家有正有奇
嘗用車兵談以論，曰不宜。若今攻正兵者
不徐用車戰以真語兵矣
或問：戰陣時既濕，藥已過，須有火繩，恐雨水濕藥
衆銃由敵後分兵攻敵之敵，以衍時當曰
幕以火攻敵以千萬藉鎗以奉何以以運中
翼虎車分置前後以猛籠翼虎衛敵左右
纏其陣戰鼓打擊打前近敵則急擊遠
或問：鐵打挨其鋭氣，以衝兵回異方急擊

神器譜或問　四

以屬家邦，詔即有十萬大兵，衛國救太公
以戰貳五日殺敵之道，救為寶主之旨
也
或問：單刀鳥銃，何敵不能以制之
用敵長鎗之今日，畢竟以鎗制敵可乎
曰：可。彼長槍單刀其不能行人
堅甲利刃有傳敵以名
一應以繁其法，一時又以諸
弓矢然者以全身鏡

上。求遠即遠。求狠即狠。既有可增倍數。豈
之制勝之方。祇緣肉食之流。器不問工拙。
藥不問精粗。將帥罔知運用。士卒不肯服
習。此
中國之大患。反是則制之極易
或問神器既可加遠。加狠。敵亦如之。為之柰
何。曰人情每安於故常。賊已信鳥銃為已
長技。何肯遽改。試看今日用兵。全無制敵
之具。尚然不肯講求。彼既足以制我。何煩

改作以我
中國之不用。知賊之未必遽加也。尚能亟亟
為之。藉令賊即踵我之法。亦出後著
或問倭奴攻人。自衛。為謀家狡然。竟裸形赴
鬭者。其故為何。曰是諒我
中國火器不能命中耳。裸形甚便旋轉跳躍。
用短制長。今日神器一精。必然不敢裸鬭。
其勢必致用甲。倭若披甲。常日刀法。儇捷。
當減其半。是我增一倍。彼損二倍矣。其餘

當減其半長敎諧一經後讀二書乃其餘
其器必致用甲傑若彼甲常以後入深建
用經制長令日神器一精必遠木彼深閫
中國人説不能命中可一揆指其便旋轉趨避
論者其技為何曰是識者
敗問換收效入自待為講求枚藥實科學
為之譜令娘即運教之法未出版者
中國之不同於歐人者必遠於西方者
然以後

中

之真諦不可講求彼既以又制敵何償
長彼何宜速成法者今日用兵全無制敵
何曰入情無要於故常勝乃信自然為乃
然門稱之器既可知達如敵亦如一仁為宗
中國之大患以民是則制之盛也
如此耳
樂不問精粗將帥問知運用士卒不習服法
之制勝之方在於內實之流器不問以法
上求速即求精即有可指數量

器械。再加一算。是我之伎倆日增。伎倆日增。器械得算之力也。器械尚且算及。方略寧有失算之理。得算既多。不惟倭奴不敢西視。即黠虜又敢南牧乎。法曰。多算勝。又曰。廟筭勝者。得算多也。茲者算在神器。特算其至要可筭者耳。其餘則我豈敢。容曰。倭之裸鬬。知我舊日火器不能命中。我兵亦常裸形赴敵。豈亦以倭銃不能命中耶。曰。倭之裸鬬。是審彼已。我兵裸鬬。彼已揔

然不知。庸將誤之也。是亦未算之故

或問勝兵先勝而後求戰。今日神器乜有先勝之形。若禦夷虜有不戰々必勝者。不知亦有短處否。曰。虜畏陰雨。茲器全無短處。倭奴雨中專欲出人不意。陰雨又是茲器短時。須備藥弩漆弓。以補其缺。則中國防禦之具。實握全勝之機。餘則我不知也

或問陰雨連綿。兩兵相持。銃不能發。為之柰

致隔百運轉而兵相持斷不能接濟之患
也
中國防禦之具實屬全勝之機餘則敵不知
經時防禦不過以補其缺則
俟我而中事欲出入不意而入是故器
亦有短處各自為戰慎而於器全無短處
勝之形若禦東陽不敢之攻勝者不知
陸路兵之勝西後來敗今日神器有先
敵不知寡將論之已是亦必為之故

神器說又四

但操之練固是常法已教兵操演於已熟
亦當練於近廣亦以操演命中軍為第
教以練聞知教藝四大器不能命中教兵
演其三要可美者日其餘則教戰器以守
日願美勝者得者多少於者舉在神器精
而操即選用火攻射於平法日多寡勝火
寧有未算之理得其所多不肯之其不敢
器識機險以力已器梅也旦謂又如路
器故再加一海與敵以人海日陷俗國

何。曰拒馬傘政為此耳。晴則側放。禦彼鉛
彈。從眼中覷。以擊賊。陰雨則豎立。上設油
袱。以盖火門
或問古人用兵必求陣法。今日千言萬語畢
竟歸重神器何也。曰是亦秦越人隨地為
醫耳。漢唐未聞神器。既有神器。藉令武侯
可作。衛公復生。定然一意講究。必不以八
陣六花。嘗試神器。若大小神器具備。火藥
精好。得時得地。用之得宜。數里之外能使

山崩地塌。區區血肉。雖堅奚為。客曰。夫如
是則陣法可廢乎。曰止則為營。進則為陣。
雺無火器。古法可用。若禦倭在古法惟魚
麗。鳥雲。及戚少保新製鴛鴦陣。緣其人自
為戰。又可雜以神器。近緣倉卒東援。不問
天時。不察地利。坐致株朼損傷。數以萬計。
猶然夢中。尚未覺悟。今冀北之群空矣。遒
左巳經騷躪。氊裘在在。生心輕車代馬。銃
砲代人。對症要藥。應急良方。千言萬語。畢

何曰在乎民為此可晴則仙旅被給
禪從眼中遁以華嚴傳兩則雲與上說油
綵以盡大門
發問古人用兵必求陣法今日千言萬語畢
覺歸重神器何也曰是亦秦漢入陣之路
譜可演唐本開初說有神器精合成候
可作精公演其一意再究之不以人
陣六花當然神器若大小神器具備大樂
精妙擇時聽鬼用以得宜數理之外命復

神器論第　門

山消地隆圖、盡為推翻發無役日未如
其則陣法可廣乎曰止則為遁回為陣
實無大器古法可用者變換何古法集
嚴為運及風乃作新製發陣縣其入自
為敵大可雜以神器近發倉粹東彼不問
天時不察即利生既林心直流入機若十
植涯營中治未覺語今遁直以旅察十
行已經縱彌當處在主心較車成見為
入對壘要樂應忽見六千言萬語畢

竟歸重。良有以也

或問神器必欲用車。亦何所見。而云然乎。曰。以舟師水戰得利推之也。倭奴生長海中狎波抗浪。乃其本性。非不慣於水戰秪緣水戰。不得施其技擊。故每每為我所窘。若陸地用車。不惟倭奴不能用其所長。即雲人又能騁其騎射耶。既有命籠以自衛。又有長兵以制賊。賊欲迫我。尚不可得。又安能尅我哉。用車。是角器。而不角力角藝。器精加多。便是勝算

或問戰守進止。當求勝筭。至於器械。亦有勝算在耶。曰。抑何見之晚也。辟如臨陣神器。敵飽一門。我裹二三。不用攀機。不用堵紙。對準未定。操縱自由。常時知其機括習學。又易。是便足勝之矣。筒長氣聚。可以加遠。筒厚藥多。可以加狠。兩手俱有住着。出彈不甚動摇。是利足勝之矣。或當刀以禦敵。或為盾以自衛。是餘力又勝之矣。為將者。

疏為盾以衛是餘力又勝以氣為沛者
不是動搖是利之勝以多為力以彈鏃
簡厚藥多可以加技而手傾有倍蓋出彈
又易是便以勝之矣遠長亂露可以加遠
對準者取照線目由常時知其機指宜審
敵亂一門數發三三不用擊機又固宜疏
真應取照何見之殘也厲加臨陣神器
疏問較何進止當求勝業至於技亦有勝
精以多便為勝算

神器篇第四

銃乾毋盈兩車長命器而不俞力強鑾器
有長兵以衛之。敵近於左不可恃又安
入又能隱其身所敵有命鏡以自樹又
隨地用車不惟便以不偷用其所長取勝
不敗不得施其技藝故敢、為敢所富勝
神技於說乃其本推非不廣於木戰敵勝
以兵所於木戰勝利推之也像數世真誠中
疏問神器之勝用於古何而見於今乎曰
覺驕連國有以也

誠能如法製造。乘時教習。安攘勝算可得
其半。今日置器械間勝筭於不問。專以不
能取勝者。而欲求勝於人。此其所以勞心
日拙。坐失事機耳

或問引兵遠出。山路崎嶇。泥塗泲濘。大軍難
以遽前。偶得敵人情形。機不可失。因舍輜
重。輕兵出其不意。攻其無備。及泊敵壘。大
雨驟至。銃不能發。爲之柰何。曰。凡爲將者。
逆知有此。須常時預令神器手各置摺疊

油笠。當此之際。多帶翼[illegible]。擊電。翼虎形短。
擊電子銃。俱易包裹。火門盡在笠下。又可
從笠下裹飽

或問戰陣間器具頗多。必求神器何也。曰。我
中國之禦夷虜。專以長兵取勝。故前代弓矢
不足。加以弩箭。漢制官有强弩將軍。射聲
校尉。器有神臂弩。大黃弩。連弩。藥弩。匈奴
呼藥箭爲漢家神箭。自有火器。弩制遂廢。
國初犂庭掃穴。專用神器。極其精工。日陵月

國初平定神火專用神器極其精工日盛且
守禦諸為漢來神諸自有大器為制邊備
校尉器有神器大演運樂習因敗
不多加以整齊漢制宜有號令得軍射兵
中國之器盡專以長兵取勝故前代多兵
或問敵陣器具關多從來神器何如曰較
鋒鏑下衛飛其力更火門盡在下又可
擎運當此以際多帶異器專是行通

速知有此須當持衛合神器手各宜留意
而藏且兵不銳藏為以弗何曰乃能持盔
重輕兵出其不意攻其無備及遊擊大捷
以還前倡據敵入情形機不可失因會臨
或問引於連山出路情況沉金汽濟大軍難
曰槍坐失事機耳
鎗象勝者治敵來勝於入此其所以勢必
其半今日置器械間勝算於不問專以不
議倭那者諦遊其者將發西安夷勝處可恰

替。致不可用。目今夷虜跳梁。在〻單弱。兼之賊。復以此困我。安得不銳意講求。必勝之器哉

或問大小神器。禦虜防倭。可一律用之否。曰韃虜內犯。多在平原曠野之處。倭奴入寇多在林莽泥塗之地。虜之衝突也。羣聚而来。故禦虜當以重器銃器為正。遠器準器為奇。倭之求戰也。陸續而進。故防倭。當以遠器準器為正。重器銃器為奇。至於因時

制宜。臨敵制勝。顧為將者。方略何如。神器唯求多〻益善

或問近日有木熕竹銃。不惟輕便。且價廉工省。用之可以制賊否。曰。銅鐵之具。製不如法。尚虞迸炸。豈天壤間。迩来有堅逾銅鐵之竹木耶。茲器起於六合。砲後人因為木熕。以濟一時之急。從戎之士。因藉手以干當事。聊為進身之媒。何乃據為經常可用之器。夫一器迸炸。三軍驚惶。且竹木之器。

之器夫一器運行三軍遞且天木之器用
當專斯為進步之謀何乃精為經常可用
積以濟一時之急殊故亦土因循于以干
之或木非發器更行六合流涉入因為木
法諸廣進行豈天壤間殊來有壓適飼鐵
省用之可以制賊否曰鐵之具艱不按
或問近日有木積兵器不准軍便且價廉
答求多之為善
制宜臨敵制勝通為將者之路何如神器

神器譜或問

違器準器為正重器銃器為要但有因時
為者便之求軟巧陸續而進故防便當以
來故標準當以重器銃器為正遠器準器為
多在林莽沉淪之下而處之衝突必擇衆而
瀉實內地多在平原曠野之廣便與入寇
或問大小神器譜書所錄可一律用之否曰
之運費
之鳳陵以近因敵乘遁不能竟講求必勝
者數不可過自今要需強集在之單精無

一經失事餘燼四散左右前後能保其無
延燒乎知兵之害乃可以知兵之利況身
為三軍司命謀貴萬全害多利少即非完
策急當置之
或問木熕既害多利少終屬無用乎曰興師
動衆强敵未滅天壤間戰具何可缺一辟
如兵泊城下欲用大器軍中未備安得不
伐木以代鐵然濕木較乾木堅强捹其一
擊棄去然又知防其必壞復使三軍之士

不致驚駭存其制以備不時之需可也大
都旋製旋用則木理曰濕堅强製久木槁
多致壞事此器可暫而不可久庸將不解
斯旨安能收其功效木中又有濕脆而乾
堅者有濕堅而乾脆者是在用器之人格
物明理或臨時辨別其性不可輕易
或問近日有不響火藥果可用乎曰銃砲專
求殺敵其利鈍原不係此若火藥迅疾銃
口未及發聲彈已到三百步之外何以不

口未及戰陣已迫三百步以外何以
求勝敵其利飢困不條此若入藥退敗亂
或問近日有不驚火藥果可用乎曰既說事
物明理多臨陣不離引其性不可輕易
道者有濕驚乾濕者更在用器之人務
斯何安衛收其勿役木中火有濕既若乾
多致壞事此豈可輕爲不可以庸將材輕
群從與族用則不理因濕與撥輳火不裕
不致驚燥存其制又備不時之需可也大

鑿事者深入知所其必勝復使三軍以十
攻不以伏鐵術濺不敢資木堅強材其一
如其酒敗下敵用大器軍中未備安全不
動衆援敵未識大衆開戰且何可缺一陣
或問木精詭言多利乃務屬無用乎曰與師
衆急不宜置之
爲三軍司命議貴萬全害多利少即非完
也擇乎精者以言乃可又若其以利況身
一發未事餘揀四散以有前後依保其樂

響為哉。且用兵之道。金鼓隐啞。知為不祥。
神器政欲其如雷轟電擊。揺撼山岳。方足
張我軍聲。鼓我士氣。柰何反欲弱之。斯語
庸人信之。明将不取也

或問果有不響之藥否。曰。何嘗有此。一日有
客請見。自言其藥不響。即出神器試驗。欲
令家人代裹。客曰。我自為之。僕解其意。索
秤々藥三錢。不令斟損分數。其聲與常藥
等。客慚曰。畢竟為尒窺破。蓋筒大藥少。自

然不響。此簸弄欺人之法。火藥何嘗不響

或問火藥未必求其無聲。是矣。今日欲求不
得熱手。何也。曰。火藥燃。手不熱。何得遽熱
銃筒燃。手不熱。是火玄極快。欲試快耳。非
假此。以驗觀聽也

或問從来神器。俱付士卒服習。即百夫長。亦
未嘗身親為之。沿習甚久。乃前譜欲令大
小将吏時常從事。為將之體。不甚褻乎。曰。
古人稱身先士卒。政望為將者。百般武藝。

器為兇具用兵之道令殺傷過多為不祥
神器既欲其如雷霆擊撼山岳方足
張我軍聲鼓我士氣柰何又欲狎之斯語
庸人信之明將不取也

或問果有不響之藥否。曰。何嘗有此。一日有
客請見。自言其藥不響。即出神器試驗。發
令家人代裝。客曰。我自為之。謙解其意。深
神藥三發。不令謙預知。數其聲與常藥
若發轟曰。畢竟為不響。既盡向大聲。少自

神器譜或問

無不響此藥。吾取人之法。火藥何嘗不響
或問火藥未必求其無虛實。今日欲求不
得藥手何也。曰。火藥辨不熟。何得速發
鍊圖藥手不爽。火家極精。試驗甚
假兵以驗質也

或問從來神器俱付士卒服習。即向來長技
本帶身體。藉以防護。心猪欲令人
行將吏時常教事。為操以觀。何尊其。曰
古人稱兵者。士卒與理為將者何嘗

千般辛苦盡皆以身先之方謂之身先士卒近来不解斯旨專在臨陣而言殊覺差謬夫夏侯監脩鹿角為敵所襲至今誚其輕率身先之說不在臨陣可知大都人之恒情必上焉者率作鼓舞下焉者斯有觀感興起欲士卒觀感興起復尓拘泥獘習不肯以身先之必不能望士卒藝精若得士卒藝精臨陣自能殺賊又不必為將者以身先之矣臨陣身先一人之力耳平日身先實有千萬人之力焉

或問壬辰沙湃苗兵為虜蹂踏近日朝鮮泗川之兵為倭所乘俱曰軍中火起將勝轉敗是火器反為兵累矣今日云何曰水能載舟亦能覆舟〻未嘗不用也顧操舟者何如耳嘗見參戎陳國保語禎曰雲中父老尚有能談

國初時用神器之法一隊之中必有司火之人擇其小心謹慎數經戰陣老兵火鏣火

人擇其心之識真數殺敵陣者并大力鑄火
圖給然用神器之法一隊之中必有百人之
者語有餘哉
何如耳當見參敵陳圖倍積四雲中又
鐵并赤鎗鏟并之等當不用也頭標并者
服是大器乃為其冒矣今日何曰木鎗
川之兵為俊厥乘道四運中天銃將服轉
敵問至兵以解鉛其為傳錄路近日朝鮮陷
身先實有十萬人之力焉

以身先以奚臨陣忽以一人之力負乎曰
士卒警精臨陣自能敵敵人不敢為將者
不肯以身先以必不能過十年藝精者治
處興率欲士卒觀感興起復於向從戎習
恒情必上為若率作鼓舞十倍者矣有觀
輕率身先乃說不在臨陣間各大都入之
鏡夫自保鹽滿無角為讒所憚重今論其
卒近來不解斯旨率每臨陣不言保覺義
十瑕年治畫語以身先乃以為讒又身先乃士

石火繩火罐悉以委之臨陣散與各兵其
人往来照管及揮使亦稱其本國神器俱
置車上用一五六十歲老人主之恐少年
鹵莽不知火之利害夫如是豈致失事大
都無能之將用器草率兼之兵無節制遇
敵倉皇又不知置司火之人豫為戰理安
得不致自焚非火器累兵、、制未備使然
也倭奴營中火焔灼天鉛彈如雨不見自
焚我兵一用火器便致失事抑獨何哉

或問疇昔神器有八九門齊出有五六門齊
出者今日雖有數門附於一處畢竟另放
何也曰疇昔製法未備人無命中之心器
無命中之具故以多為勝欲圖僥倖耳今
日器有必中之具人懷必中之心若未對
準即一彈尚不肯舍而肯輕棄數彈新器
不但輕便及殺敵過於舊製又可持久緣
不同舊器費藥也

或問神器之利既能殺敵則敵必不能制我

或問神器之利既已發敵則敵必不能近敵
不同器貴藥也
不但輕便及敵遠於藥又可持久發
準即一彈尚不肯含而首輕重數彈斜器
曰器有必中之具入像必中之心若甚
無命中之具故又以多為勝欲圖僥倖可今
何也曰譬若數法之備入無命中之心器
出者今日雖有數門齊於一處畢竟多放
或問講習神器有八九門齊出有五六門齊

神器譜或問

發敵兵一用火器便致失事亦獨何哉
也從敵當中火焰[illegible]天鉛彈[illegible]面不見自
得不致自發非火器咎兵之制亦偏慎發
敵倉皇火不知置但火之入豫為戰理安
神無紀之淨用器草率兼之兵無節制遇
固等不知火之利害夫如是宜致失事大
置車上用一五六十歲老人主之誤少年
入從來慣習於揮役亦錯其本國神器但
右夫緬夫攤[illegible]以[illegible]之器陣敵迎各兵其

矣。然猶諄〻欲備車盾為自衛計者。何耶。

曰事有至理。兵有妙用。凡為將者。能明至理。斯臻妙用。夫衛我士卒。是至仁也。果於殺人。至不仁也。以至仁而濟我至不仁之術。迫其勝殘去殺。內安外攘。寧不藉至不仁。而得盡我至仁之心乎。自古及今。未有自衛不周。而能立於不敗之地。孰先勝之機。制敵死命之理。周於自衛。政求建殺敵之基。自衛不周。先為賊制。即有利器。屬誰

用之。諄〻於此。不唯合戰之時。不至以卒予敵。即士卒自然神完氣定。得士卒神完氣定。則茲器當數倍其利。前拒自衛。古人豈謾然為之哉

或問車傘櫓盾為自衛之具。足增神器之利。是矣。倘或有敵。知我不能持久。扼險固守以老我師。或欲以輕兵從間道繞出其後。或冒險斬關而進。遇敵於叢林深箐之間。盤谷崎嶇之所。危磴懸崖。亂石塞路。車不

反說猶論、之說衛車適為自衛計者何釋
但事有至理亦有妙用凡為辨[illegible]識固至
理其所繁妙用大術教士年是至行[illegible]果於
殺人至不仁也可至仁而濟教至不仁之
術近其[illegible]殺之殺內[illegible]外攘寇不藉至不
仁而得盡教至仁之心乎自古及今未有
自衛不周而能[illegible]於不敗之地[illegible]勝之
機制敵先命之理周於自衛[illegible]敗求運[illegible]敵
之真自衛不周先為勝制勝者利器[illegible]

鬼谷子[illegible]　二十[illegible]

用之謀、於此不亦合兵之術不至以兵
分敵即士卒自然神[illegible]士卒神定
亂成則敵器當敗[illegible]其利[illegible]衛古入
豈識然為之教
致問車全機而為自衛之具以神器之利
是矣偽敵有敵知敗不能持[illegible]固守
以夫敵師敵以[illegible]不[illegible]
[illegible]
[illegible]

得前傘不得設長鎗戈戟復艱於衛我神
器若之何可以得志曰選儇捷之士擇技
精之徒五人為伍前用燕尾挨牌後附
以翼虎奇勝再用宜於危險器械必使人
自為戰器自為衛即去車傘亦足取勝
或問神器必如何方得精工曰上馬者知人
善任事專責成受事者視公如私不辭勞
苦則事舉矣九邊總鎮經略大臣能如粮
餉亦置專官第一銃砲次則刀鎗種種精

利即與擒斬同功濫惡不堪即與失機同
罪冒破侵漁律以尅減邊餉之條夫如是
何致以卒予敵哉
或問神器必求精工然後可用若師出在外
前此未及料理軍事劻勷強敵迫我求戰
為之柰何曰萬人之中備治攻具砥礪兵
器巧手三百人此六轄軍用法也今
朝廷一歲數百萬錢粮十萬士馬則巧手合
有三千主帥若不貪財又善用財能使壯

得箭令不得發矢銃又火不挨砍神

器若之何可以演習回遶像捷之士釋杖

精之練五人爲伍兩旗尾接、必換附

以選真勇奇膝再用宜於究論器械必換入

自爲戰器自爲衛兵車拿亦不得敗

或問神器必如何方得精工曰上馬者殺入

善任事專責成變事者相公如何不輕易

皆明事學美人遇鐵鎖銃給大臣統領以殺

爲亦置專官第一銃砲以火銃砲種之精

利即與論斬同功過賞不惟即與其罪同

罷僨職以軍法以遠竄之法夫始是

何以致勝乎敵哉

或問神器必求精工後可用者節在外

前此未及料理軍事通變强敵追救亦無

爲之柰何曰萬人之中演給與精熟兵

器巧手三百人此外火器運用法已令

則是一歲費百萬餘粮十萬七千有奇則巧手合

有三千五百即若不會財又善用財能使法

者効力。巧者効能。則神器自可立辨。若兵
政不脩。自然難遽得耳
或問神器得堅固足矣。色澤為何。曰。軍容軍
威。明將未嘗不講。甲光閃爍。劍鍔陸離。戈
戟林林。凝霜耀日。亦足使敵人駭目驚心。
沮氣破膽否。用兵之道。豪末不可苟簡。不
問色澤。乃不求堅固之漸。今日
中國用兵器械不利。皆緣不能防微杜漸。任
情苟簡。遂致盡舍制勇長技。日求媚虜之

術。興言至此。目眥為裂
或問神器內外俱欲精工。豪忽不宜苟簡。是
矣。萬一軍中需用甚急。不得不稍減工夫。
然堅固。色澤。於斯二者。何者可去。曰。此器
臨陣所係甚重。宜去華以求實。不可舍實
而務華
或問神器求其堅固。是虞迸炸。致沮軍氣。求
其色澤。是圖美觀。以張軍容。二者既聞命
矣。若依今日之法。製造火藥。頗覺艱難。不

矣。若今日之法。漢造人藥酒覺漿難之
其色澤且圖數。觀以推軍容二者。多所令
臣問 神器求其堅固。是廣遵必致。恆軍氣。求
而務華
隨所關係甚重。宜去華以求實。不可舍實
飾連回色澤。於斯二者。何者可去。曰此器
美觀。一軍中需用甚急。不得不精緻工夫。
臣問 神器內外須欲精工。美形不宜苟簡。是
術與言畫。此曰雖為象

情節詢護。致盡合制。實亦非目今求矯厲之
中國用火器。機不利。銃不能防禦在術
問色澤乃不在堅固之術。今日
且氣數隨各所宜之道。高未可一概論。不
較林。試前驅。日亦已攸。敵入。嚴目睹之
籲明法。當不講中。先內攘外。纔佐攘。文
臣問 神器精堅固。美色澤。何曰。軍容重
政不備。自然漸邊疆矣
者須乃巧者。功倍。一人之才器。宜可以彈壓諸夷

知可用常日之藥否。曰。足下獨不見馹乎。蜚衛紀昌之技必得巧力俱全。巧而無力。不能貫革。力而無巧。不能命中。精麗巧也。精藥力也。二者互相為用。缺一不可。倘緣製藥艱難。潦艸從事。即付之藝精之士。常時伎倆。當減其半。寧不坐九仞之功虧於一簣哉

或問南北製藥之法亦有同異乎。曰。常時似無同異。以愚論之。地有南北之分。氣有燥

濕之別。今日製藥。能以熿炭分兩。斟酌損益。求合燥濕之宜。以適南北之用。未嘗非軍旅之一助耳。南方卑濕氣潤。熿炭稍增。北方高爽氣燥。熿炭稍減。西方氣燥。嚐窰每料用炭六兩。用熿二兩。海中氣潤。日本用炭六兩八錢。用熿二兩八錢。条詳二國燥濕之故。以權度我

中華九邊沿海之宜。再較晴明陰雨。涼爽鬱蒸之候。備料製藥。一如秦民之守秦法。是

和可用常曰之藥各曰之下適不足與之逢蒙紀昌之技必須巧力俱全巧而無力不能貫革有力而無巧不能命中精藥巧也精藥乃見乃二者巧相為用一不可偏廢與藥較藥乎後事始付之藝精之士常將任倫言猿其半宣之九竹之妙彌於一書矣

致問南北製藥之亦有同異乎曰藥苦以藥同異以地論之有南北之分氣有殊

神器譜或問

議之烈合日觀藥能以磺炭以西其酌植益東合濕之宜以適酌北之用者皆非運於之一田可衡方早濕氣潤適狀衡植北於方高爽氣燥稍潤西方氣潤習溼須料用炭六兩用硝二兩須中亦注日本用炭六兩八錢用磺二兩八錢亦碎三國精濕以救以權度矣

中華九道治舉之宜存棄請問會西演真聲蔡之倪猛轉藥一斤奉之十奉法夾

亦足稱用兵得算
或問神器臨陣與演習不同臨陣倉惶即有
精技倘不能如演習時得以從容命中曰
此論無節制之兵耳兵若素有節制為將
者臨陣又有信賞必罰以鼓其氣前拒翼
衛以壯其膽雖遇強敵自能如常命中
或問神器手用膽壯力大緣其有殺敵之氣
手準眼疾緣其有命中之資粗蠢無能不
必言矣至於不用大漢轉求短小伶變其

故為何曰短小之人臨陣受敵較之大漢
只居其半神器若無車盾倉卒野戰妙在
躲閃打人短小始易躲閃伶變方能躲閃
臨陣全憑鵰打緊要之人以阻敵氣以落
敵膽即魏武射人先馬之說伶變者始知
揀擇粗蠢之徒一例亂打是又遲一著矣
氣弱之人一裝之後常日即有精技必難
望其再中凡為將者若能勘破斯旨則神
器手無有不精之理

亦多稱用兵擇將

或問神器臨陣與演習不同臨陣倉[illegible]有
精技倘不能如演習時從容命中曰
此論無節制之兵耳兵若素有節制為將
者臨陣又有信賞必罰以鼓其氣而翼
衛以壯其膽[illegible]自能如常命中

或問神器[illegible]利力大[illegible]
手準眼疾[illegible]其有命中之實[illegible]
必言矣至於[illegible]用大[illegible]轉[illegible]合變其

故為何以極小之人臨陣取敵[illegible]之大漢
只居其半神器若無車[illegible]
[illegible]打入[illegible]小[illegible]合變方無[illegible]
臨陣全憑[illegible]打[illegible]以入以但敵亂以[illegible]
[illegible]身入[illegible]以論合變者[illegible]
[illegible]之法一何說打[illegible]入[illegible]一者[illegible]
[illegible]之入一發之後曰即有精技必[illegible]
[illegible]其再中凡為[illegible]者[illegible]其[illegible]
謂手無有不精之理

或問前譜掣電乃佛郎機遺製近代宿將有
謂三號佛郎機只充玩具似無實用筆之
於書茲器較三號佛郎機更小亦可用乎
曰三號佛郎機難用銃筒火藥不能盡制
耳如其盡制必然可用古人必不浪為玩
具之說此公據近日之器並
國初銅器未及重加制作者率尓立論耳大
都茲器自
文皇三犁虜庭之後遂置不用舊器雖存盡皆

銅鑄銅鑄之器若多歷年所非麥糠養過
驟然用之必致損傷不得制作之法因以
舊器為不可用焉新器用鏌打成官司不
知一任匠作亂做火之熟與不熟合之合
與不合膛之直與不直以及子銃厚薄精
粗茫然不解一經試放十壞五六不咎未
能盡制亦以新器為不可用焉玩具之說
不窮古人製作之故不問時俗窳窳之由
口頭之言請再詳之

口頌之言請再詳之
不窺古人樂作之失不陷時俗淫哇之由
能盡製作以新器為不可用也說其以說
相沿不解一發大旅十樂五六不容法
與不合體之直與不直以分寸毎寄準精
知一律匠作說設大之熟宜之合
舊器為不可用言詩器同籙打設自則不
樂律用之以致植傳不得制作之法因以
錮器鑄錮鑄之器若多應年而此存樂器

文皇三年寶璉之議遂置不用舊器雖存盡皆
禁於器自
國初鑄器未及重制作者皆不究論其不
真之故以然近日之器並
耳於其盡制然須可用古人之不須為之
四三統律所機難用鑄之論大樂之禁盡制
於書器較三統律所機更亡亦可正分
論三統律所機以為說其無實用業之
爻問指論數之律所機遺漏近人之論

或問

國初法令嚴肅。神器畫制。及見舊器。雖完好者。亦用重復製作。方免迸炸。其故為何。曰。五金。銅性雖剛而實燥。必藉爐冶範滓。曰借木水火土之氣。和以鍛鍊。始克堅勁。此五行化生相成之理。舊器在庫。定然近土。子得母氣。原神復旺。原神既旺。外至者自然解散。燥性自然漸還。一遇擊駁。難保無霣矣。若用舊器時。須將麥糠鋪在坑上。埋器糠內。微火養之。俟器溫煖。再用灰隅炭火。漸漸煨熱。滓過。以錘鷩打。然後著藥。如續譜試法試之。大都神器必使五行之氣合而不離。始得堅固。有事於此。為將者務欲窮理盡性。方享其用

或問南方木炭鍛鍊銃筒。不唯堅剛。與北地大相懸絕。即色澤亦勝煤火。成造之器。其故為何。曰。此政足印證神器。必欲五行全備之言耳。炭木火也。北方用煤。是無木矣。

[illegible]

禀受欠缺。安得與具足者。較量高下

或問近日大小神器。易銅為鋏。舍鑄務鍛。猶然不堪。此何以故。曰。将作欲博精明之譽。損其值以致之耳。嘗聞盧将軍。鏜南方初造鳥銃。工值三金之外。今一金恡而不給。一金。不足精工鳥銃鐵炭之費。餘可類推焉。旹有嚴姑。能督責巧媳無米之炊乎

或問銃口偏左。偏右。出彈不準。亦有法以制之乎。曰。近日始得其故耳。大槩銃口天鑽

打成。無有歪斜。其偏左偏右。皆因照門照星。與前後筒口。叅差不對所致。求去此病。須戒工人。安放照門照星之時。務要将前後筒口。十字分準。銃筒彈線擻直照門照星。惟依前後口頭中線。不必拘泥銃筒外面。正與不正。則彈出無有不正之理

或問續譜車外。又以信砲為前拒。然信砲不具圖樣何也。曰。此前人製作。且備在咸少保新書。故不敢掠取以為己有

或問製造演習。與夫攻戰下手著數。二譜言
之詳矣。我欲不戰。足以屈人之兵。茲器亦
有其具乎。曰。是在內外當事不愛延世之
賞耳。不愛延世之賞。則樞筦不尚首功。邊
臣不貪首功。茲器儘有攻心妙用在焉。嘗
聞虜俗酋長坐纛以及纛栗標竿。纛栗手。
背標人馬。皆虜入犯之時。視其損傷無恙。
以兆凶吉。邊吏誠能探知衆謀。先將神器
手分布於必由之路。或依險阻。或倚林木。

或潛匿於草莽之中。或憑據於墩堡之上。
伺其至二三里之外。以鷹揚嚕審極遠之
器。遙望攢擊。無有不中之理。但中一酋。一
物。雖十萬之衆。卷甲而遁。此情邊吏誰不
知之。祇緣僥幸功級。兼之軍政久弛。因循
惰玩。彼此觀望。不問脩守控制之策。日工
朘剝媚虜之謀。誠能惕然易慮。改其弦轍。
同心併力。惟此是圖。我知為力易而收效
廣。真善之善者。非不戰屈人之兵乎

或問神器兵家一技耳。藉令精工。士卒服習。遂欲轉弱為强。倘未然也。曰我

高皇龍飛淮甸。用此鞭撻群雄。驅逐胡虜。不數年而成

帝業。今日又在全盛之時。兼之神器精利。十倍往昔。用之得宜。獨不能發舒華夏之氣。防禦一二逆命小醜。轉弱為强哉。試觀呂宋佛郎機。海上一浮漚耳。暹羅日本琉球蘇蠟。從来不敢侮慢其酋長。荼毒其民人。神

器之力也。近来日本雇倩兩國銃手前至朝鮮。是大反仗小。小小足制大矣。誠能用之。我

中國獨不能制四裔乎

或問二譜陳說神器製用。可謂極其詳悉懇懇。足下能使器精。不能使之必為世用者。其故何居。曰。今日所能者人也。所不能者。天也。器精在人。楨故能之。用不用在天。實無能為也。客曰。天亦可回乎。曰。此器用是

無能為巧密曰天亦可曰乎曰其器固是
天此器精在人積故能之用不通在實
其故何居曰今日所能者人之所不能者
讞之下能使器精不能使之必為世用者
夫問二論陳設神器製用可謂極其詳悉
中國獨不能制四者乎
夫
朝廷能無人才故以為之制大器故能用之
器之力也近來日本僅有西圖能手前至

議從來不敢妄議其首長務其民人神
佛郎機上一浮近可運羅曰本玩珠藥
藥一二往命小顧輔紹為擬火器說觀呂宋
往昔用之得直獨不能發器事夏之變防
帝業今日人在全盛之時兼之神器精利十倍
年前矣
高皇龍飛向用此器與猶未精遂用書不數
道欲輔紹為擬未深造曰故
夫問神器兵家一技可謂今古未有習

國家萬世之利。鼎鉉樞筦。凡百津要。一意為
國。自足回天。茲器自然見用。茲器具體剛介。
存心正直。賦性激烈。禀氣雄壯。發聲宏遠。
為威武猛。純乎陽也。當推陰陽消長之機。
以占用與不用耳。若楨者獨行孤臣。得免
非笑。已屬厚幸。又何能使茲器必為世用
哉
或問舊日三將軍諸大器。或有輕重斤兩而
無尺寸數目。藥有升合之數。而斤兩全然

不備。不知前人故引而不發乎。抑智慮未
及乎。曰
中國諸大神器。近來臨敵不敢遽用者。政坐
人器不相習耳。大都軍中器具。文臣忽為
粗事。何嘗一問。即有深於此者。又皆不屑
講明。武臣有明於心。而不能形諸口吻。有
能言之而又不能屬之管城褚生者。兼之
執器士卒。難於常常演習。以故造作之制。
不備。打放之法甚略。客曰。足下何不并為

國家[illegible]之利器[illegible]乃[illegible]一[illegible]
國自西[illegible]天[illegible]器自[illegible]鳥[illegible]器[illegible]一介
存心正直[illegible]
為激成[illegible]乎[illegible]
以占用與不用可若[illegible]
非發已屬乎又何[illegible]便[illegible]器之為世用
矣
或問舊日三將軍諸大器或有輕重斤兩否
無又十數回藥有并合之數否斤兩全與

不倫不知前入故[illegible]而不發乎[illegible]
或乎曰
中國諸火神器近來臨敵不敢遠用者
入器不相習耳大都軍中器具又[illegible]為
粗事何嘗一聞即有講求者大抵不為
講明成法有明於此而深於此者又得不[illegible]
惟言之而不能[illegible]
[illegible]

闡明。以利軍用。曰此器非奉
朝命。疇敢私造。非為大將。誰敢私習。今日未
經試驗。不敢逞臆立論。聊舉未備端倪。以
伺後之君子可也

或問

皇威遠布。海氛永息。歸牛放馬。政擬銷兵。尔乃
營營。竟成鍛癖。倒囊浪費而罔惜。勞神無
用而不悟。似醉若痴。抑何愚哉。實不能為
尔解也。曰。足下誚我為愚。我陋足下之見

為隘。夫神器可以禦倭。未嘗不可制虜。使
我神器之作輟。一視狡倭之進退。是楨為
一身一時功名計矣。楨當知命之年。落落
難合。陸沉金馬。若將終身。然猶孳孳終日
矻矻。窮年。非笑不顧。一意講明神器者。蓋
緣有感於毋恃其不來。恃我有以待之之
言。今日不揣謭劣。期為
國家聚不餉勁兵。儲無敵飛將。建威銷萌。用
備緩急。庶幾仰報

[illegible]

國家樂不[illegible]以[illegible]其[illegible]是以[illegible]因

言。令曰不諧[illegible]。明為

[illegible]有風於[illegible]其不來昔[illegible]以[illegible]之、

[illegible]、[illegible]年。非笑不傾。一[illegible][illegible]指。[illegible]

雜合。[illegible][illegible]會[illegible][illegible]將[illegible][illegible][illegible][illegible]曰

一身以時[illegible]名[illegible]一[illegible]當[illegible]合之[illegible]、

[illegible]器之作[illegible]。一[illegible][illegible]以道[illegible]。是[illegible]

[illegible]隨。大[illegible]器可以[illegible][illegible]。[illegible][illegible][illegible]

律呂論文 四

[illegible][illegible]也。曰。以下[illegible][illegible][illegible][illegible]國[illegible]下[illegible]見

因[illegible]不[illegible]。[illegible][illegible][illegible][illegible][illegible][illegible][illegible][illegible][illegible]

[illegible]、[illegible]成[illegible][illegible][illegible][illegible][illegible][illegible][illegible][illegible][illegible][illegible]

皇成[illegible]有[illegible][illegible]不[illegible][illegible]十[illegible][illegible][illegible][illegible][illegible]

欽問

何從以始乎可也

經書大驗。之成國[illegible]之[illegible]。[illegible]舉之[illegible][illegible][illegible]以

頒命。講載本[illegible]。非為大將。論載於習今曰[illegible]

[illegible]明。以利軍用。曰此器非本

聖明廿年豢養小臣鴻恩。原非作一朝一夕之
謀。一身一家之計。藉令茲器終於棄置。我
言固在也。我言既在。後有用我之言則生
平報
主之志。亦可以少申萬〻之一矣。人生貴適志
耳。人之知與不知器之用與不用。庸何傷
哉

多言數窮。泠局散吏。於時事作畵
夫喋〻。寧不自取厭薄哉。嗟乎。知
我者。謂我心憂。不知我者。謂我何
求。悠〻蒼天。我不自知所解也

神器譜或問終

晏明廿年秦[illegible]由陽思原非[illegible]一朝一夕之
譏一身一家之計謀合族[illegible]於萬置然
言固在此故言說有後有可易之言則之
辛辣
王之志亦可以少申懲之一矣人之貴通治
故人之智與本[illegible]與不可[illegible]何[illegible]
於

[illegible]品諸人問

[illegible]言數[illegible]書
夫[illegible]實不自求[illegible]之乎知
自有謂[illegible]其故來知[illegible]者何
非[illegible]者天[illegible]不自知而[illegible]也

[illegible]諸人問答